HERMAN ZIMMERMAN

Ein Engel an meiner Seite

Eine Geschichte vom Überleben im Holocaust

Aus dem Amerikanischen
von
KARL HERZER

Mit einem Geleitwort
von
JOHANNES RAU

—

Dritte, erweiterte Auflage

HVA

Die Deutsche Bibliothek · CIP – Einheitsaufnahme
Zimmerman, Herman:
Ein Engel an meiner Seite: eine Geschichte vom Überleben im Holocaust / Herman Zimmerman. Aus dem Amerikan. von Karl Herzer. Mit einem Geleitw. von Johannes Rau. –
3. Auflage – Heidelberg: HVA, 2001
ISBN 3-8253-7108-5

Druck: WB-Druck GmbH & Co, Rieden/Allgäu
Satz: OLD-Satz digital, Neckarsteinach
Umschlag: Bernard Zimmerman, Münzesheim

Für meine Schwester Mia,
die ein ganz besonderer Mensch war.
Für meine geliebten Eltern, die nie aufgaben.
Für Edith und für alle, die den Holocaust nicht
überlebt haben.

»Das Gedächtnis der Menschheit für erduldete Leiden ist erstaunlich kurz. Ihre Vorstellungsgabe für kommende Leiden ist fast noch geringer.
Diese Abgestumpftheit ist es, die wir zu bekämpfen haben. [...]
Laßt uns tausendmal das Gesagte immer wieder sagen, damit es nicht einmal zu wenig gesagt wurde!
Laßt uns die Warnungen erneuern, und wenn sie schon wie Asche in unserem Mund sind.«

Bertolt Brecht

Inhaltsverzeichnis

Geleitwort
von Bundespräsident Dr. h.c. Johannes Rau

Herman Zimmerman erzählt die Geschichte seines Überlebens in den Jahren der nationalsozialistischen Diktatur. Es ist eine Geschichte, die Hoffnung macht und die zeigt, daß auch aus einer dunklen Vergangenheit eine bessere Zukunft entstehen kann. Zweimal drohte dem gebürtigen Kölner Juden auf seiner Flucht vor den Nationalsozialisten die Verhaftung. Jedesmal kamen ihm der Zufall zur Hilfe und vor allem Menschen, die er zu Recht als »Engel an meiner Seite« bezeichnet, wie der Titel seines Buches lautet.

Herman Zimmerman verschweigt nicht, daß es damals viel zu viele Menschen gab, die keinen guten Engel an ihrer Seite hatten, die verfolgt, drangsaliert und umgebracht worden sind in den Konzentrations- und Vernichtungslagern des Regimes. Für ihn besteht das Vermächtnis dieser Opfer darin, die Erinnerung wachzuhalten an das, was damals geschehen ist. Er tut das allerdings auf eine Weise, bei der nicht die Schilderung von Greueltaten im Vordergrund steht, sondern Berichte über die Zivilcourage von Menschen, die ihr eigenes Leben aufs Spiel setzten, um das Leben anderer zu retten.

Für diese Menschen ist im »Hain der Gerechten« an der Gedenkstätte Yad Vashem in Jerusalem ein Baum gepflanzt worden als Symbol des Lebens. Sie wurden nach sorgfältiger Prüfung als »Gerechte der Völker« geehrt mit einem Spruch aus dem Talmud:

> »Jeder, der ein Menschenleben rettet, wird betrachtet, als hätte er die ganze Welt gerettet.«

Im Menschen spiegelt sich die Welt. Fast 12000 »Gerechte« aus ganz Europa hat die Gedenkstätte Yad Vashem registriert, darunter über 300 Deutsche. Der hebräische Begriff »Chassid« bedeutet nach Aussagen der Schriftgelehrten allerdings mehr als »Gerechter«. Er steht auch für »Rechtschaffener«. So dürfen die Menschen, die damals jüdisches Leben gerettet haben, mit Fug und Recht als Rechtschaffene bezeichnet werden.

Was war Rechtschaffenheit in jener Zeit, in der erst Bücher und Gotteshäuser und dann Menschen verbrannten? Seit einem halben Jahrhundert werden immer noch mehr Fragen gestellt, als Antworten gefunden. Wie konnte es in einem Land wie Deutschland dazu kommen? Warum hat das, was geschah, niemand verhindert? Warum haben so viele zugeschaut und so wenige etwas getan?

Als in meiner Heimatstadt Wuppertal Menschen aus politischen, aus religiösen und anderen Gründen verfolgt wurden, war ich noch ein Kind. Ich erinnere mich noch an jenen Tag, an dem wir aus den sogenannten Kartoffelferien kamen. Wir sahen damals, im November 1938, daß die Synagoge brannte und die Feuerwehr alles tat, um die Nachbarhäuser zu schützen. Bis heute habe ich meine Frage an den Taxifahrer nicht vergessen: »Warum brennt es da?« Der Fahrer wollte mich nicht verstanden haben. Ich sehe ihn vor mir – wie er auswich und wie er nicht antwortete und wie unzufrieden er hinten ins Auto sah.

Es sind solche und ähnliche Bilder, verschwommene oder klare Erinnerungen, die meine Generation belasten, ob der Einzelne es wahrhaben will oder nicht. Das ist weniger Schuldzuweisung als Gewissenserforschung, auch noch ein halbes Jahrhundert danach.

Nicht die Söhne, sondern die Enkel stellen die Fragen, hatte ein polnischer Journalist gesagt, als Bundeskanzler Willy Brandt vor dem Ghetto-Denkmal in Warschau niederkniete und damit im Dezember 1970 noch keineswegs überall Zustimmung fand.

Inzwischen hat eine neue Generation in unserem Land sich auf die Spurensuche begeben. Sie hat nachgefragt, was damals wirklich geschehen ist und wie es in der eigenen Stadt und auf dem Land gewesen ist, wo es Widerstand und Aufrichtigkeit und wo es Anpassung und Gleichgültigkeit gegeben hat.

Herman Zimmerman hat es sich zur Aufgabe gemacht, diese Spurensuche zu unterstützen. Vor Schulklassen, in Jugendheimen und Gedenkstätten berichtet er von seinen Erfahrungen in den Jahren der Verfolgung und Vernichtung. Er tut das nicht, damit die jungen Menschen, die ihm zuhören, sich mitschuldig fühlen, weil sie Deutsche sind. Für ihn gibt es keine Kollektivschuld, aber wie junge Menschen in unserem Land mit der Erinnerung umgehen, das liegt nach seiner Überzeugung allein in ihrer Verantwortung.

Ich wünsche dem Buch von Herman Zimmerman viele interessierte Leserinnen und Leser. Er legt Zeugnis davon ab, daß es auch in schlimmer Zeit Menschen gibt, die sich den Mut zur Menschlichkeit bewahren.

Begegnung mit der Vergangenheit

An einem warmen Septembertag des Jahres 1964 machte ich mit meiner Familie einen Spaziergang über die Champs-Elysées. Die Sonne lachte freundlich vom Himmel herab, und viele Menschen taten es uns gleich und schlenderten diese berühmte Straße von Paris entlang. In den zahlreichen Straßencafés herrschte reger Betrieb. Auch unsere beiden Kinder und meine Mutter waren gut gelaunt in dieser angenehmen und geschäftigen Atmosphäre.

Plötzlich hörten wir von hinten jemand rufen:

»Frau Zimmerman!«

Zuerst erkannten wir den Mann nicht. Er war etwa 50 Jahre alt und lächelte uns erfreut an. War es wirklich wahr oder träumte ich? Während er näherkam, sprach er immer weiter, und dann erkannten wir, daß es Herr Spiegel war, ein Freund, von dem wir dachten, er sei im Holocaust umgekommen. Während wir auf dem sonnigen Gehweg standen, erzählte er uns, was viele Jahre vorher mit seiner Frau und unseren Freunden passiert war: sie waren alle umgekommen. Schließlich brachte ich den Mut auf, ihn nach seiner kleinen Tochter Rosalie zu fragen. Hatte sie überlebt?

»Rosalie lebt, und es geht ihr gut, vielen Dank« sagte er mir. Sie muß jetzt 31 Jahre alt sein, dachte ich. Während ich seine traurige Geschichte hörte, konnte ich mir lebhaft die Menschen und die Einzelheiten der Ereignisse vorstellen, die vor vielen Jahren geschehen waren. Ich sah alles vor mir, als ob es gestern geschehen wäre.

Jetzt sind mehr als 30 Jahre seit dieser zufälligen Begegnung vergangen. Ich kann mich noch genau an Rosalie erinnern. Ich habe das Schreckensbild von mit Menschen vollgestopften Viehwaggons vor Augen, die auf dem Weg in die Gaskammern waren. Diese Bilder ruhten die ganzen Jahre in meinem Innern. Während meine Kinder aufwuchsen, hatte ich keine Zeit zurückzuschauen. Aber jetzt bin ich an einem Punkt in meinem Leben angelangt, wo ich mich zurücklehnen und entspannen kann, wo ich eine Bestandsaufnahme machen kann. Unsere vier Kinder sind erwachsen. Wir versuchten, ihnen eine erfüllte und sichere Kindheit zu geben mit bedingungsloser Liebe. Jetzt haben sie ihr eigenes Leben und ihre Träume für die Zukunft.

Meine Zukunft jedoch ist die Gegenwart, und träumen kann ich nur von der Vergangenheit. Immer häufiger steigt die Erinnerung an meine Kindheit und Jugend in mir auf, an die Flucht durch die feindliche Wildnis des vom Krieg zerrissenen Europa. Warum kann ich nicht die Vergangenheit begraben und alles vergessen? Schließlich hatte ich Glück: Ich überlebte. Aber gerade die Tatsache, daß ich überlebte, macht meine Geschichte ungewöhnlich. Warum ich es schaffte, aber die anderen nicht, kann ich nicht erklären. War es nur Glück, oder war es auch Schicksal? War ich immer zum richtigen Zeitpunkt am richtigen Ort? Oder war es so, wie jenes eine Kind mir schrieb, nachdem ich in seiner Klasse über meine Erlebnisse im Holocaust gesprochen hatte:

»Sie sprechen immer davon, welches Glück Sie hatten, aber ich glaube, es war nicht nur Glück. Ich glaube, es gab da einen kleinen Engel an Ihrer Seite, der Sie die ganze Zeit beschützt hat.«

Was ist mit den anderen, die nicht überlebt haben? Jede einzelne Person, die starb, war ein Mann, eine Frau oder ein Kind mit einem Namen, einer Familie, einer Geschichte. Sie alle erlitten ihren Tod ganz allein. Jede Person, die starb, hätte gerne ihre eigene Geschichte erzählt. Indem ich meine Geschichte erzähle, teile ich auch ihre mit. Ich kann mich an alle erinnern, deren Leben das meine berührten, und ich kann von den Männern, Frauen und Kindern erzählen, die zu Unrecht und vor ihrer Zeit starben. Sie alle hatten ihre Hoffnungen und Träume, ihr Leben war reich an Arbeit, Freude und auch Traurigkeit. Sie hatten nicht die Chance, alt zu werden und sich zu erinnern. Deshalb kann ich es vielleicht für sie tun: für sie, meine Kinder und Enkelkinder.

Vielleicht wird ihr Tod dann zum Geschenk des Lebens für zukünftige Generationen.

Eine kurze Jugend in Deutschland

Es war an einem Herbsttag Mitte der dreißiger Jahre. Mein Vater, meine Mutter und ich gingen eilig die Straße entlang. Meine kleine Hand lag fest in der großen Hand meines Vaters, ich fühlte mich geborgen.

Es war kein normaler Tag. Die Straßen von Köln waren fast verlassen. Es war wenig Verkehr, und obwohl es ein Wochentag war, waren nur wenige Leute auf der Straße. Sie standen in Gruppen zusammen und hörten einer laut schreienden Stimme zu, die schreckliche Dinge aus riesigen Lautsprechern verkündete. Hitler hielt gerade eine seiner schändlichen Reden:

»Ich werde nicht eher ruhen, bis der letzte Jude in Europa ausgerottet ist!«

Ich erschrak zutiefst. Mein Vater hielt meine Hand etwas fester und sagte mit ruhiger Stimme: »Du brauchst keine Angst zu haben. Alles wird gut werden.« Doch ich hörte an seiner Stimme, daß auch er beunruhigt war.

Mein Vater war ein bemerkenswerter Mann. Er war von kräftiger Statur und immer hilfsbereit und freundlich. Er stammte aus Sokal, einer kleinen Stadt, die zeitweilig zu Polen und zeitweilig zu Österreich gehörte. Während des Ersten Weltkrieges kämpfte er in der österreichischen Armee, also auf der Seite der Deutschen. Ich erinnere mich an

Sommer 1927, Badeurlaub an der Nordsee. Meine Eltern mit uns vier Kindern.
Von links: Mia, Leo, ich und Julius

das große Bild von ihm in Uniform, das im Schlafzimmer meiner Eltern hing. Er war ein stattlicher Soldat, wir alle waren sehr stolz auf ihn. Er wurde im Ersten Weltkrieg verwundet, woran später immer die große Narbe auf seinem Rücken erinnerte. Er kam in russische Gefangenschaft, und das Jahr, das er in Rußland verbrachte, hinterließ einen tiefen Eindruck in seinem Leben.

Mein Vater war nicht sehr gebildet, aber er sorgte gut für seine Familie. Meine Mutter stammte ebenfalls aus Sokal. Als sie heirateten, war sie gerade 19 Jahre alt. Sie hatte all die Bildung, die meinem Vater fehlte.

Bald nachdem sie verheiratet waren, wurde mein ältester Bruder Leo geboren. Kurz danach beschlossen sie, nach Deutschland zu gehen, um dort ein besseres Leben zu beginnen. Mein Vater machte sich selbständig in der Textilbranche. Er arbeitete hart und versorgte uns mit allem, was zu einem guten Leben notwendig war. Dann wurde meine Schwester Mia geboren, zwei Jahre später folgte mein zweiter Bruder Julius. Ich selbst war der jüngste, und sie gaben mir den Namen Hermann.

Wir wohnten in einem schönen Haus, und außer unserer Haushaltshilfe Käte hatten wir auch noch ein Mädchen, das auf uns Kinder aufpaßte. Käte war eine kräftige Frau mit einer schönen Singstimme. Sie brachte mich immer mit ihren Liedern zum Einschlafen. Ich war ihr Liebling, und, ehrlich gesagt, sie verwöhnte mich sehr. Das habe ich sehr genossen, doch als Hitler seine neuen Rassengesetze verkündete, durch die er den Juden alle Bürgerrechte wegnahm, waren Käte und das Kindermädchen gezwungen, uns zu verlassen. Viele Tränen flossen, als sie weggingen, denn für mich war Käte wie eine richtige Mutter.

In dieser Zeit begannen unsere Lebensbedingungen schwierig zu werden. Wir besuchten eine jüdische Schule, die wir nach einem Fußmarsch von 30 Minuten erreichten. Unterwegs trafen wir oft deutsche Jungen und Mädchen in Uniformen der Hitlerjugend. Sie wußten natürlich, daß wir Juden waren, und es kam häufig vor, daß sie uns angriffen. Obwohl sie größer waren als wir, nahmen wir den Kampf auf; wir wichen nicht zurück, und meistens blieben wir Sieger. Aber dann fingen sie plötzlich an zu pfeifen, und von allen Seiten kamen ihnen ihre Freunde von der Hitlerjugend zu Hilfe. Wir mußten wegrennen, doch die Langsamsten von uns wurden schwer verprügelt.

Trotz dieser Veränderungen wollten immer noch einige Kinder mit uns spielen, aber sie riefen uns nicht mehr mit unseren Vornamen. Ihre Anführer sagten ihnen, sie sollten uns »Jude« nennen. Sie klingelten an unserer Haustür und riefen: »He, Jude, willst du mit uns spielen?« Nach einer Weile gewöhnten wir uns sogar daran. Es war aber anders, wenn sie zu uns ins Haus kamen. Sie wußten, daß sie immer etwas Gutes zu essen bekamen, und deshalb nannten sie uns dann mit unseren Vornamen.

Meine Brüder waren die Stärksten und Besten beim Sport. Sie wurden als Anführer akzeptiert. Leo streifte die meiste Zeit mit seinen Freunden durch die Straßen und geriet öfter in Schwierigkeiten. Meine Eltern waren in ständiger Sorge um ihn. Eines Tages befand ich mich mit Leo, der gerade 16 Jahre alt war, auf der Straße; ich ging ein paar

Schritte hinter ihm, als mich plötzlich ein großer, gemein aussehender Mann in einer braunen Naziuniform zur Seite stieß und mich anschrie: »Verschwinde, Judenlümmel!«

Mein Bruder drehte sich um und knallte ihm seine Faust mitten ins Gesicht. Blut strömte aus der Nase des Mannes. Es war eine belebte Straße, und Passanten bildeten einen großen Kreis um die beiden und schauten dem Kampf zu. Ich rannte so schnell ich konnte nach Hause. Meine Eltern machten sich fürchterliche Sorgen, als ich ihnen erzählte, was passiert war. Bald kam auch Leo nach Hause gerannt. Man sah ihm an, daß er sich geprügelt hatte. Er sagte: »Ich muß Deutschland so schnell wie möglich verlassen.« Und das tat er dann auch.

Die Lebensbedingungen für die Juden in Deutschland wurden immer schlechter. Meine Mutter besuchte seit Jahren einmal in der Woche ein Schwimmbad. Sie war dort gut bekannt und wurde von allen geachtet. Eines Tages sagte der Bademeister, der eigentlich ein sehr netter Mann war, zu ihr:

»Frau Zimmermann, es tut mir leid, aber ich muß Sie bitten, zu gehen. Eine deutsche Frau hat sich über Ihre Anwesenheit beschwert.«

Auch in Kinos und Theatern wurde Juden der Zutritt verboten. An allen Parkbänken waren Schilder mit der Aufschrift »Verboten für Hunde und Juden« angebracht. Juden durften nicht mehr an die Strände gehen. Die Deutschen wurden aufgerufen, nicht mehr in jüdischen Geschäften zu kaufen. Der zunehmende Antisemitismus machte sich auch im berühmten Kölner Karneval bemerkbar. Viele Motive bei dem spektakulären Rosenmontagsumzug hatten antisemitischen Charakter. Zeitungen führten gemeine Hetzkampagnen gegen die Juden, in denen sie den leichtgläubigen Deutschen Horrorgeschichten erzählten:

»Ihr müßt wissen, daß in Deutschland die meisten Ärzte, Rechtsanwälte, Bankiers und Universitätsprofessoren Juden sind, ebenso die meisten Theaterdirektoren und Regisseure. Sie wollen keine einfachen Arbeiter sein wie ihr. Sie wollen euch übervorteilen. Deshalb müßt ihr sie hassen!«

Viele Juden versuchten jetzt, Deutschland zu verlassen. Da wir Verwandte in den USA hatten, versuchten meine Eltern, Einwanderungsvisa zu bekommen. Wegen der vielen Bedingungen und Anforderungen, die die amerikanische Regierung stellte, dauerte es Jahre, bis man ein Visum bekam. Obwohl die amerikanische Regierung genau wußte, was in Deutschland geschah und daß Hitler geschworen hatte, alle Juden in Europa zu vernichten, erlaubte sie trotzdem den Juden nicht, in größerer Zahl einzuwandern. Hier zeigte sich Amerika nicht von seiner besten Seite. Natürlich versuchten die Juden, auch andere Länder zu erreichen; einige südamerikanische Länder, Kuba, die Schweiz und sogar Italien, das mit Deutschland verbündet war, gehörten dazu.

Es gab zu dieser Zeit zwei Arten von Juden in Deutschland; die einen waren seit Generationen in Deutschland ansässig, die anderen waren osteuropäische Juden aus Polen und Rußland, die auf der Suche nach einem besseren Leben nach Deutschland gekommen waren. Die deutschen Juden waren ganz assimiliert, d.h. sie unterschieden sich in Sprache und Verhalten *nicht* von den Deutschen. Nur in der Ausübung ihrer Religion waren sie anders. Viele von diesen Juden glaubten, Hitler wolle nur die osteuropäischen Juden vernichten, die anders sprachen, ihre eigenen Sitten hatten und sich nicht assimilieren wollten.

Das berüchtigte Propagandablatt »Der Stürmer« benutzte diesen Prototyp des Juden in seinen antisemitischen Hetzkampagnen. Die osteuropäischen Juden wurden als unehrlich abgestempelt, und in Tausenden von häßlichen Karikaturen erschienen sie als verschlagen und habgierig. Seltsamerweise war das Verhältnis zwischen deutschen und osteuropäischen Juden nicht besonders gut. Es gab zum Beispiel zwei verschiedene jüdische Sportvereine in Deutschland: den ITV (Israelischer Turnverein) und den HAKOHA. Ironischerweise mußte man, um in den ITV aufgenommen zu werden, nachweisen, daß man seit Generationen in Deutschland lebte. Viele deutsche Juden hätten wahrscheinlich Hitler unterstützt, wenn er sich nicht gegen sie gewandt hätte.

Zwischen 1933 und 1938 waren es hauptsächlich osteuropäische Juden, die Deutschland verließen.

Nach und nach gingen viele unserer Verwandten und Freunde weg. Ich erinnere mich an Paula, Klara und Sara, meine älteren Kusinen. Die beiden jüngeren, Klara und Sara, gingen 1936 nach Israel, deshalb kam Paula ins Haus meiner Eltern. Sie wollte einen Herrn Newman heiraten, weil dieser ein Visum für die Vereinigten Staaten hatte. Er war viel älter als Paula, und ich erinnere mich an die vielen

Auseinandersetzungen zwischen ihr und meinen Eltern, die nicht wollten, daß sie ihn heiratete. Paula arbeitete bei einem Rechtsanwalt und war mit ihren 18 Jahren sehr schön und intelligent. Herr Newman war Schneider und nicht sehr gebildet. Trotzdem heiratete sie ihn und ging mit ihm weg. Ihre Mutter, meine Tante Leitsche, und mein Cousin Isaak, der Opernsänger war, gingen nach Paris.

Immer öfter passierte es, daß Leute einfach verschwanden. Eines Tages wurden Julius' Patenonkel und sein Bruder verhaftet. Ihre Frauen hörten monatelang nichts von ihnen. Dann erhielten eines Tages beide Familien Fragebögen mit Fragen zur Gesundheit der beiden Männer, die damals etwa 40 Jahre alt waren. Wieder kam lange Zeit keine Nachricht. Schließlich erhielt jede Familie mit der Post ein kleines Kästchen und ein offizielles Dokument, das besagte, daß die sterblichen Überreste ihrer Lieben beigefügt seien. Angeblich waren die beiden an Herzversagen gestorben. Die Kästchen enthielten ihre Asche.

Endlich erkannten meine Eltern den Ernst der Lage und handelten. Inzwischen war mein Bruder Leo nach Antwerpen geflohen, der zweitgrößten Stadt Belgiens. Aus seinen zensierten Briefen konnten wir herauslesen, daß wir versuchen sollten, aus Deutschland herauszukommen. An einem sonnigen Sommertag des Jahres 1938 setzten meine Eltern die 16jährige Mia, den 14jährigen Julius und mich (ich war damals 12 Jahre alt) in den Zug nach Aachen, eine Stadt an der holländischen Grenze. Wir sollten versuchen, nach Holland zu gelangen. Leo würde von Belgien kommen und uns abholen. Es klang alles sehr einfach, aber wir hatten keine Ahnung, wie wir über die Grenze kommen sollten.

Jetzt, wo ich selber Kinder habe, kann ich mir vorstellen, wie schwer es für meine Eltern gewesen sein muß, uns in ein ungewisses Schicksal zu schicken.

Flucht nach Belgien

Ich kann mich nur vage erinnern, wie wir es bis nach Holland schafften. Wir stiegen in Aachen aus dem Zug aus. Dann versteckten uns ein paar Bauern auf einem von Pferden gezogenen Heuwagen. Ich weiß nicht, ob die Bauern Deutsche oder Holländer waren, jedenfalls befanden wir uns nach einiger Zeit in Holland. Wir wohnten zuerst ein paar Tage bei einer sehr netten jüdischen Familie, bis Leo kam und uns abholte. Wir kamen sehr spät an einem Samstagabend in Antwerpen an, und Leo nahm uns zu einer Tanzveranstaltung mit. Er war ein ungewöhnlicher junger Mann und außerdem sehr talentiert. Er erfand kleine Vorrichtungen, z.B. einen automatischen Türschließer und einen Gasofenanzünder, und diese Dinge verkaufte er. Sein Zimmer war voller Bücher. Er gab auch jungen Mädchen, die aus Rumänien und der Tschechoslowakei gekommen waren, Tanzunterricht. An dem Samstagabend übte er mit ihnen die Schritte, die er ihnen beigebracht hatte. Deshalb standen Mia, Julius und ich müde und erschöpft in einer Ecke des Tanzsaales und schauten zu, wie er die Nacht hindurch tanzte. Vielleicht erkannte er erst jetzt, was für eine große Verantwortung er auf sich genommen hatte. Ich kann mich nicht mehr erinnern, wie wir schließlich in sein Zimmer gekommen waren. Ich weiß nur noch, daß wir viele Stunden schliefen.

Meine Mutter, Mali Zimmermann, geboren 1900 in Sokal, Polen. Ihr Mädchenname war Zügmann.

Mein Vater, Peretz Zimmermann, geboren 1897 in Sokal, Polen.

Einige Zeit später, wenn ich mich recht erinnere, kurz nach der sogenannten »Reichskristallnacht«, kamen meine Eltern auch nach Antwerpen. In jener Nacht brannten in Deutschland und Österreich die jüdischen Synagogen nieder, jüdische Läden und Geschäfte wurden zerstört und geplündert. Es war eine schreckliche Nacht, über die viel geschrieben worden ist. Es ist unbegreiflich, daß solche Dinge in einem Land wie Deutschland geschehen konnten; in einem Land, das immer stolz war auf seine Kultur und seine wissenschaftlichen Leistungen.

Die politische Situation hatte sich weiter verschlechtert. Chamberlains Appeasementpolitik bei der Konferenz von München im September 1938 war vergeblich gewesen. Die Tschechoslowakei wurde zerschlagen, und es war klar, daß Hitler einen Krieg vorbereitete.

Meine Eltern hatten alles zurückgelassen: das Haus, die Möbel, das Geschäft. Es muß ihnen sehr

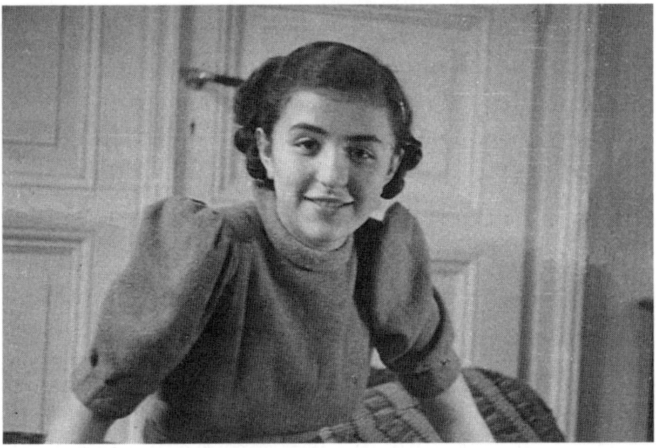

Meine Schwester Miriam, von uns allen Mia genannt. Die Aufnahme stammt von 1938, als Mia 16 Jahre alt war.

schwergefallen sein. Aber das Wichtigste war, daß wir wieder zusammen waren. Meine Familie war in einem der vielen Flüchtlingslager in Belgien untergebracht; da die Verpflegung in diesen Lagern sehr schlecht war, verschaffte mein Vater, der um uns Kinder sehr besorgt war, mir die Möglichkeit, bei ortsansässigen Familien zu essen.

Ich schlief im Haus einer reichen Familie, wo ich auch das Frühstück bekam. Zum Mittagessen ging ich zu einer anderen reichen jüdischen Familie, und abends war ich wieder bei einer anderen Familie. Wenn ich bei der einen Familie war, genierte ich mich, von den anderen zu erzählen. Sie mochten mich alle und luden mich ein, auch die anderen Mahlzeiten bei ihnen einzunehmen. So aß ich oft zwei Mittagessen oder zwei Abendessen.

Antwerpen hatte einen beträchtlichen jüdischen Bevölkerungsanteil. Viele Juden waren durch die Diamantenindustrie reich geworden. Sie wollten die Geschichten über die Judenverfolgung in Deutschland nicht glauben. Vielleicht war es für sie bequemer, die Realität zu ignorieren.

Ich ging jetzt in Antwerpen zur Schule und sprach bald genauso gut Flämisch wie die Einheimischen. In Antwerpen spricht man nämlich Flämisch, während in Brüssel, der Hauptstadt Belgiens, Französisch gesprochen wird. Julius ging in eine Handelsschule etwa 30 Kilometer von der Stadt entfernt. Mia war bei einer jüdischen Familie als Kindermädchen beschäftigt. Leo, der mittlerweile 18 Jahre alt war, fing an, in einem Kohlenbergwerk zu arbeiten, aber schon nach wenigen Tagen fand er die Arbeit zu hart. Er meldete sich dann freiwillig zur französischen Armee. Wir hörten zwei Jahre lang nichts von ihm. Als ich 13 Jahre alt wurde, feierte ich »Bar-Mizwa«, das jüdische Einsegnungsfest, und obwohl ich nur eine Brieftasche geschenkt bekam, war es ein großer Tag für mich.

Am 1. September 1939 marschierten Hitlers Truppen in Polen ein. Für England und Frankreich als Garantiemächte von Polen gab es keine andere Möglichkeit mehr, als Deutschland den Krieg zu erklären. Man sprach von einem »Scheinkrieg«, weil sich im Westen zunächst nichts änderte. In Belgien wurden die Truppen mobilisiert, ansonsten ging das Leben seinen normalen Gang.

In dieser Zeit hatten wir alles in allem kein schlechtes Leben. Die Flüchtlinge trafen sich regelmäßig in Cafés, wo die Männer über Politik diskutierten, besonders über Hitlers Einmarsch in Polen. Hitler brauchte nicht lange, um Polen zu erobern. Es war ein kurzer, brutaler Kampf.

Im Mai 1940 ging der Krieg erst richtig los. Hitler griff Belgien, Holland und Luxemburg an. Am 10. Mai, einem Freitag, hörten wir früh morgens Schüsse und den Lärm von Flugzeugen. Mein Vater schaltete das Radio ein; es wurde gemeldet, daß die deutsche Armee mit der Invasion von Belgien begonnen habe. Mein erster Gedanke als Kind war:

»Hurra, ich muß heute nicht in die Schule gehen!«

Aber diesmal war es ein richtiger Krieg. Ich sah Flugzeuge direkt über unseren Köpfen im Luftkampf. Bald entstand eine große Verwirrung; meine Eltern machten sich Sorgen, wie sie meinen Bruder Julius von der Schule zurückholen könnten. Jetzt begannen viele Belgier, die Stadt und das Land zu verlassen, soweit dies möglich war. Nachts mußten alle Lichter ausgeschaltet werden, und mit Hilfe von Decken vor den Fenstern wurde die ganze Stadt verdunkelt. Es gab viele Luftangriffe, aber ich hatte trotzdem keine Angst. Da es keine Möglichkeit gab, Julius zu erreichen, beschlossen meine Eltern schließlich, ohne ihn wegzugehen. Am Bahnhof steckte man uns in Viehwaggons. Wegen der vielen Menschen war es fast unmöglich, einen Platz zu finden. Ich war so müde, daß ich mich mitten unter die stehenden Menschen auf den Fußboden legte. Endlich setzte sich der Zug in Bewegung. Neben mir sagte Mia: »Jetzt sind wir bald in Sicherheit.« Aber schon nach wenigen Minuten hielt der Zug wieder an, und es dauerte zwei Stunden, bis er sich wieder bewegte.

Glücklicherweise wurde unser Zug nicht von den Deutschen bombardiert, aber es wurde erzählt, daß ein anderer Zug vor uns schwer bombardiert worden war und daß viele Menschen getötet oder verwundet wurden. Wir waren mindestens zwei Tage und zwei Nächte in dem Zug. Als wir aufgefordert wurden auszusteigen, erschraken wir, als wir sahen, daß wir immer noch in Belgien waren.

Wir begannen, mit Tausenden von anderen Leuten in Richtung Frankreich zu marschieren. Es war wie eine Szene aus einem Film: Sachen wurden einfach an der Straße liegengelassen, Autos standen verlassen am Straßenrand, alle möglichen Dinge wurden zurückgelassen. Die Menschen wollten einfach die Front möglichst weit hinter sich lassen.

Wir kamen zu einem großen Bauernhof. Die Bauersfrau war jung und kräftig, und sie ließ die erschöpften Männer und Frauen auf dem Boden ihres Schlafzimmers schlafen, während sie und ihr Mann sich das riesige Bett in der Ecke des Raumes teilten. Wir waren so müde, daß wir sofort einschliefen.

Als ich morgens aufwachte, hörte ich die Geräusche von den Tieren des Bauernhofes. Alles wirkte sehr friedlich. Ich lag in dem riesigen Bett, und die Bauersfrau hatte mich in ihre starken Arme genommen. Ich fühlte mich sicher und geborgen. Nachdem wir etwas zu essen bekommen hatten, setzten wir unseren Fußmarsch fort.

Plötzlich hieß es, die französische Grenze sei ganz nahe. Aus Lautsprechern wurden Anweisungen gegeben. Nur Familien mit belgischen oder französischen Pässen durften die Grenze überqueren. Die letzten, die hinübergelangten, waren jedoch Familien mit *polnischen* Papieren, und unter diesen befanden wir uns. Niemand konnte verstehen, wer für diese Regeln verantwortlich war. Jedenfalls waren wir jetzt in Frankreich.

Einen Vorfall, der an der belgisch-französischen Grenze passierte, möchte ich noch erwähnen: Wir überquerten eine Brücke, es waren viele Soldaten da, hauptsächlich belgische, aber auch holländische. Mein Vater sagte:

»Sie tauschen wohl aus irgendeinem Grund Soldaten aus.«

Wir sahen eine vierköpfige Familie mit zwei halbwüchsigen Söhnen. Die Eltern waren beide in mittlerem Alter, und sie schrien die belgischen Soldaten an, nannten sie Feiglinge und Verräter und dergleichen mehr. Plötzlich packten die Soldaten die beiden und warfen sie einfach in den Fluß.

Es schien mir, daß bei allen die Nerven bis zum Zerreißen gespannt waren. Tausende von Menschen waren auf der Flucht: alte, junge, auch Soldaten. Zu diesem Zeitpunkt waren nicht nur die Juden betroffen, *sondern alle Belgier* wollten sich in Sicherheit bringen.

Flucht nach Frankreich

Wir kamen in eine französische Kleinstadt, und wurden in ein riesiges Lager mit Hunderten von Menschen eingewiesen. Wir fühlten uns wie in einer Falle. Wir schliefen in einem großen Saal auf dem Fußboden und sollten abwarten.

Das Essen wurde im Freien ausgegeben. Die Stimmung unter den Menschen war nicht schlecht, und wir gewöhnten uns allmählich daran, auf dem Boden zu schlafen. Ich hatte, seitdem wir Antwerpen verlassen hatten, nicht mehr in einem richtigen Bett geschlafen, abgesehen von der Nacht bei der Bauersfrau. Daran dachte ich noch oft zurück.

Meine Eltern wollten nicht an einem Ort mit so vielen Menschen bleiben und beschlossen, weiterzuziehen. Wir gelangten nach Dünkirchen, wo wir ein großes Chaos vorfanden.

Obwohl Deutschland gerade erst mit der Invasion begonnen hatte, schien der Krieg für Frankreich schon verloren, und die englischen Truppen wurden über den Ärmelkanal zurück nach England geschickt. Auch viele Flüchtlinge gingen nach England, aber meine Eltern wollten in Frankreich bleiben, um nach Julius zu suchen. Wir zeigten allen Leuten, die wir trafen, sein Foto und fragten nach ihm. Dünkirchen wurde von den Deutschen schwer bombardiert, deshalb verbrachten wir die meiste Zeit in Luftschutzkellern, um etwas geschützt zu sein. Wir trafen auf viele französische Marinesoldaten.

Nach einiger Zeit zogen wir weiter. Ich bewunderte meine Eltern sehr für ihre Stärke und ihren Mut. Wir marschierten jetzt in Richtung Paris. Wir waren viele Stunden auf der Straße, aber diesmal waren nicht so viele Leute unterwegs. In einer kleinen Stadt hatten wir Glück und erreichten einen Zug nach Paris. Wir hatten das Gefühl, daß es die richtige Entscheidung gewesen war, weiterzuziehen. Es war ein schönes Gefühl, einen Sitzplatz zu haben, aus dem Fenster zu schauen und die französische Landschaft zu betrachten. Der Zug fuhr immer schneller und schien den Krieg weit hinter sich zu lassen.

Doch plötzlich hörte ich den Lärm eines Flugzeuges, das sich uns näherte. Es war ein deutsches Flugzeug, das angeschossen war und rapide an Höhe verlor. Bevor es abstürzte, schaute ich einen Moment lang in die Augen des Piloten: Ich sah das nackte Grauen! Es war ein Wunder, daß dieses kleine Kampfflugzeug nicht auf unseren Zug gestürzt war.

Dann waren wir in Paris. Wir gingen zu meiner Tante Leitsche, die jetzt mit ihrem Sohn Isaak, dem Opernsänger, in Paris lebte. Meine Eltern und Tante Leitsche unterhielten sich stundenlang über Paula, die jetzt in Brooklyn, New York, lebte, und über ihre zwei anderen Töchter, Klare und Sara, die in Israel lebten.

Immer wenn Bombenalarm war, gingen wir schnell zur nächsten Metrostation und warteten dort, bis die Sirene das Ende des Alarms ankündigte.

Die ganze Pariser Bevölkerung benutzte die Metrostationen, um sich gegen die Bombenangriffe zu schützen.

Aber dann meldete das Radio, daß die deutsche Armee nur noch 50 Kilometer von Paris entfernt sei; deshalb beschlossen meine Eltern, früh am nächsten Morgen aufzubrechen und den Zug nach Bordeaux zu nehmen, einer Stadt, die auf dem Weg zur spanischen Grenze liegt.

Mein Vater wollte Spanien und Portugal erreichen und von dort aus versuchen, nach Amerika zu kommen.

Meine Eltern baten Tante Leitsche und Isaak, sich uns anzuschließen, aber sie wollten nicht von Paris weggehen. Ich weiß nicht, warum, aber sie wollten einfach nicht.

Wir sahen sie nie wieder. Sie versteckten sich irgendwo in Paris. Einmal ging Tante Leitsche heimlich zu ihrer Wohnung, um einige ihrer Sachen zu holen. Dabei muß sie jemand gesehen und die Gestapo benachrichtigt haben. Sie wurde abgeholt und deportiert. Das Wort »deportiert« bedeutete fast immer den sicheren Tod. Auch von Isaak haben wir nie wieder etwas gehört.

Wir kamen in Bordeaux an, einer großen französischen Stadt. Weil ich noch so jung war (ich war erst 14 Jahre alt), genoß ich es, zu reisen und neue Dinge zu sehen. Meine Mutter jedoch war sehr besorgt wegen Leo und Julius. Wo mochten sie sein? Ging es ihnen gut? Waren sie noch am Leben? Mein Vater war der einzige, der in dieser Situation noch optimistisch blieb.

Wir gingen zur Synagoge in Bordeaux. Hunderte von Männern, Frauen und Kindern hielten sich dort auf. Wo konnten wir unter diesen Umständen sonst hingehen in einer großen, fremden Stadt?

Es ist eine bekannte Tatsache, daß Juden sich gegenseitig immer helfen, besonders in schlechten Zeiten. In Bordeaux jedoch war dies nicht der Fall. Der Rabbiner war mehr um die Sauberkeit seiner Synagoge besorgt als um das Wohl der Flüchtlinge. Ich weiß nicht, ob heute noch jüdische Männer, Frauen und Kinder am Leben sind, um die unglaubliche Geschichte eines jüdischen Rabbi zu erzählen, der die Polizei rief, um die Flüchtlinge davonzujagen. Denn genau das tat er.

Die französischen Polizisten wußten nicht, was sie sagen sollten. Sie hatten ihre Befehle, die sie befolgen mußten.

Ich habe oft über diesen Rabbi nachgedacht und mich gefragt, ob er wohl überlebt hat. Wie konnte er mit dem leben, was er getan hatte?

Paris war jetzt von den Deutschen erobert worden, und die deutsche Armee rückte weiter vor. Es gab Gerüchte, daß Frankreich kapitulieren würde; es könne nur noch wenige Tage dauern. Deshalb konnten wir nicht in Bordeaux bleiben. Die französischen Behörden schickten uns in ein kleines Dorf namens Saugnac, ungefähr zehn Kilometer von Dax, einem bekannten Ferienort südlich von Bordeaux, entfernt.

Wir waren jetzt zusammen mit zwei anderen jüdischen Familien auf einem großen französischen Bauernhof. Ich glaube, daß zu dieser Zeit niemand die Gefahr erkannte, in der wir uns befanden. Eine der beiden Familien war streng religiös und streng orthodox: Der Vater und der Großvater hatten lange Bärte, die Mutter und die Großmutter trugen sogenannten »Scheitel«, eine Perücke, die von religiösen Frauen getragen wurde. Die Kinder, von denen es zahlreiche gab, waren auch in der orthodoxen jüdischen Tradition gekleidet. Sie hatten gekräuseltes Haar und Schläfenlocken, die »Pajes« genannt wurden. Die zweite Familie war aus Antwerpen. Sie waren sehr reich und taten sich jetzt schwer, mit ihrer Situation fertigzuwerden. Sie hatten ihr gesamtes Hab und Gut zurücklassen müssen.

Die Bauersleute gaben uns gutes Essen, das wir im Freien an großen Tischen einnahmen. Nur die orthodoxe Familie war nicht dazu zu bewegen, unkoscheres Fleisch zu essen, das Juden eigentlich nicht essen dürfen. Sie schauten sich um, und wenn es niemand sah, gaben sie das Fleisch den Hunden.

In unserer Situation schien es naheliegend, zu bleiben, wo wir waren, und die Entwicklung abzuwarten; doch meine Eltern dachten anders.

Eines Morgens ging mein Vater mit Mia nach Dax, um herauszufinden, ob es eine Möglichkeit gab, nach Spanien und Portugal zu gelangen. Nach einiger Zeit kamen sie ganz aufgeregt zurück, weil die deutsche Armee schon in Dax war, nur wenige Kilometer entfernt. Meine Eltern packten unsere wenigen Habseligkeiten zusammen, und wir machten uns fertig zum Aufbruch. Die zwei anderen Familien wollten nicht weggehen.

»Beeilt euch!« sagten meine Eltern, »wißt ihr nicht, daß die Deutschen nur wenige Kilometer entfernt sind?«

Sie antworteten: »Wir können nicht mehr, und was geschehen wird, wird ohnehin geschehen.«

Meine Eltern flehten sie an, sich doch fertigzumachen zum Aufbruch, aber es nützte nichts.

Viele Jahre später, als ich in das kleine Dorf zurückkam, erkundigte ich mich nach dem Schicksal der beiden Familien. Ich erfuhr, daß die deutschen Truppen kurz nach unserem Aufbruch gekommen waren. Die Juden wurden in den Keller der Schule gesperrt. Später wurden sie in einem Lastwagen abtransportiert. Niemand wußte, ob jemand von ihnen überlebt hat.

Wir machten uns auf den Weg nach Pau, und wir hatten wieder Glück. Einer der letzten französischen Militärtransporter nahm uns mit. Die Franzosen waren auch auf der Flucht. Ich erinnere mich, wie mir vom Benzingeruch schlecht wurde. Auf dem Lastwagen waren eine Menge Soldaten; wir erfuhren, daß Frankreich kapituliert und die Kampfhandlungen eingestellt hatte. Die Bedingungen des Waffenstillstandes sahen vor, daß Frankreich in zwei Teile geteilt wurde: die besetzte und die unbesetzte Zone. Pau, das ungefähr 60 bis 70 Kilometer entfernt war, sollte zur unbesetzten Zone gehören. Deshalb wollten die französischen Lastwagen Pau erreichen. Petain, der Kriegsheld des Ersten Weltkrieges, wurde jetzt von den siegreichen Deutschen als Präsident der unbesetzten Zone mit der Hauptstadt in Vichy eingesetzt, und Pierre Laval wurde sein Premierminister. Beide wurden zu Verrätern Frankreichs.

Als wir ankamen, wurde es gerade dunkel. Meine Eltern waren froh, daß wir jetzt in der unbesetzten Zone waren, aber gleichzeitig waren sie auch traurig, weil die anderen Familien zurückgeblieben waren.

Nach ein paar Tagen in Pau gingen wir weiter nach Lourdes, dann nach Tarbes, einer anderen Stadt in der Nähe. Wir fuhren mit dem Bus und hielten in vielen kleinen Ortschaften an, um die Leute zu fragen, ob sie meinen Bruder Julius gesehen hätten. In jedem Rathaus hinterließen wir eine Nachricht mit den Worten: »Wir suchen Dich!«. Die Chance, ihn auf diese Weise zu finden, war gering, aber wir gaben nicht auf.

Schließlich kamen wir nach Auch, der Hauptstadt des Departement Gers, einer Stadt von etwa 30000 Einwohnern. Hier fanden wir Unterkunft in einem Kloster. Es war eine von Nonnen geleitete Mädchenschule. Hunderte von Flüchtlingen fanden hier Zuflucht, und wir blieben bis August. Die Mehrheit dieser Flüchtlinge waren *keine* Juden. Die Nonnen kamen aus vielen verschiedenen Ländern, und sie waren alle sehr nett und freundlich. Wir schliefen in einem großen Saal. Diesmal gab es Matratzen für alle und sogar Leintücher und Decken. Wir wurden gut verpflegt und fühlten uns wohl.

Es gab dort einen anderen jüdischen Jungen meines Alters, der mit seiner Mutter zusammen war. Er war sehr verwöhnt, und ich erinnere mich, daß er häufig mit seiner Mutter stritt. Die Nonnen sprachen oft mit uns, und nach einer Weile fragten sie uns beide, ob wir die Religion wechseln wollten. Nun, ich wußte, daß ich nie meinen jüdischen

Glauben aufgeben würde. Obwohl ich es meistens langweilig fand, mit meinem Vater zum Gottesdienst zu gehen und zu beten, hatte ich tief in meinem Innern das Gefühl, daß es etwas Besonderes sei, jüdisch zu sein; vielleicht gerade deshalb, weil wir verfolgt wurden. Bei Alex jedoch war es anders. Er wollte katholisch werden, und von da an verbrachte er viel Zeit bei den Nonnen. Abends bevor er zu Bett ging, befestigte er ein Gummiband an seiner Nase in der Hoffnung, daß die Nase dadurch begradigt werde, damit er weniger jüdisch aussehe. Ich fand das sehr komisch, seine Mutter aber regte sich sehr darüber auf. Sie stritten miteinander, und einmal schrie er sie an:

»Du häßliche Jüdin!«

An einem Sonntag fand eine große Prozession statt, bei der Alex ein großes Kreuz tragen durfte. Er war sehr stolz auf seine neue Religion, aber trotz seiner Konversion wurde er später nicht verschont.

Nach und nach verließen viele nicht-jüdische Flüchtlinge das Kloster, um nach Norden in ihre Heimat zurückzukehren. Doch die Juden hatten Angst, das zu tun. Als die Klosterschülerinnen aus den Ferien zurückkamen, verließen auch wir das Kloster.

Meine Eltern fanden ein unbewohntes altes Haus in einer Sackgasse. Wir gaben ihm den Spitznamen »das Schloß«. Es gab in dem Haus keinen Strom und kein fließendes Wasser. Wir hatten einen ziemlich weiten Weg bis zu einem Brunnen, wo wir Wasser holen konnten. Oben auf dem Speicher lagen viele alte Kisten, und wir gingen auf Schatzsuche. Leider fanden wir aber keine wertvollen Sachen.

Wir blieben mehrere Monate in dem alten Haus. Ich besuchte sogar eine französische Schule, obwohl ich nicht viel verstehen konnte. Die Lehrer waren sehr nett zu mir, und allmählich begann ich, immer mehr zu verstehen. Einmal sprachen alle Lehrer über mich. Als ich in der Klasse aufgefordert wurde, zu erklären, was ein Stier sei, antwortete ich:

»Le mari de la vache« (der Ehemann der Kuh). Das fanden sie sehr lustig.

Meine Mutter war oft krank, vor allem, weil sie sich um ihre beiden verlorenen Söhne Sorgen machte. Was war mit ihnen passiert? Würden wir sie jemals wiedersehen? War Leo gefangengenommen worden?

Während unserer Zeit in Auch bekam ich überall an den Beinen einen schweren Hautausschlag. Man brachte mich ins Krankenhaus, wo ich drei Wochen lang mit zwei alten Männern in einem Zimmer lag. Sie waren über 90 Jahre alt. Es war mir etwas unheimlich; ich glaube, sie warteten nur darauf zu sterben.

Zum Glück konnte ich herumlaufen und lernte viele verschiedene Menschen kennen. Mein liebster Zeitvertreib wurde es, Dame zu spielen. Ich entwickelte mich zu einem sehr guten Spieler und spielte stundenlang mit den anderen.

Ich traf auch einen verwundeten jungen deutschen Soldaten, der Peter hieß. Er war fast noch ein Teenager und schien sehr einsam zu sein in seinem Zimmer, das er für sich allein hatte. Ich verbrachte viele Stunden mit ihm, und wir wurden gute Freunde. Er war dankbar für alles, was ihn von seiner Einsamkeit ablenkte.

Nach meiner Entlassung aus dem Krankenhaus sah ich Peter nie wieder. Ich habe mich oft gefragt, was wohl aus ihm geworden ist.

Obwohl wir uns alle an das Leben in Auch gewöhnt hatten, kämpften wir immer noch mit der neuen Sprache. Natürlich lernten Mia und ich schnell französisch sprechen, weil wir noch jung waren; aber meine Eltern taten sich schwer.

Einige Zeit danach hatte ich schlimme Zahnschmerzen und ging zu einer Zahnärztin. Sie war eine freundliche junge Frau. Während sie an meinem Zahn bohrte, fragte sie mich, wo ich wohne. Ich sagte ihr mit halboffenen Mund, daß wir dieses Haus in einer Sackgasse mit dem Namen »Impasse de la Casse Couille« bewohnten. Als ich das sagte, lachte sie so sehr, daß sie mich doch tatsächlich ins Zahnfleisch bohrte. Sie konnte kaum weitermachen und hörte nicht mehr auf zu kichern. Ich mußte gehen und ein anderes Mal wiederkommen. Was ich nicht wußte, war, daß der Name der Straße übersetzt soviel wie »Sackgasse der zerbrochenen Hoden« hieß.

Ich erinnere mich noch, daß mein Vater einmal eine Axt von einer Nachbarin ausgeliehen hatte. Als er sie zurückbrachte, sagte er »Vielen Dank« und fragte: »Comment pour français?« (Wie auf französisch?). Die Frau sagte: »Avec plaisir.« (Mit Vergnügen). Mein Vater kam zurück und verkündete voller Stolz: »Ich weiß jetzt, was Axt auf französisch heißt: avec plaisir«. Darüber haben wir alle sehr gelacht.

Eines Tages teilten uns die französischen Behörden mit, wir müßten in eine andere Stadt umziehen, nach Eauze, das ungefähr 60 oder 70 Kilometer entfernt war. Eauze hatte etwa 9000 Einwohner. Meine Eltern fühlten sich sehr wohl in Auch und wollten eigentlich nicht weggehen, aber wir konnten nichts tun. Wir fuhren mit dem Bus nach Eauze und fanden Unterschlupf in einem alten, baufälligen Friseurladen. Er war so alt und heruntergekommen, daß wir, wenn es regnete, im Haus Schirme aufspannen mußten.

Der alte Friseurladen in Eauze, wo wir zuerst wohnten.

Meine Mutter besaß großes Talent, wenn es darum ging, alte Kisten in, wie wir glaubten, schöne Möbelstücke zu verwandeln. Mein Vater fand alte Stoffreste für sie, die sie mit kleinen Nägeln und einem Hammer auf den Kisten befestigte. Mia half ihr dabei; alle waren sehr beschäftigt, und ich staunte über die zauberhafte Verwandlung dieser einfachen

Kisten und Kästen. Durch unsere Aktivitäten vergaßen wir alle unsere Probleme und Sorgen. So machten wir aus dem verfallenen Friseurladen unser neues Zuhause.

Die französische Vichy-Regierung behielt uns gut im Auge, denn sie war den Deutschen gegenüber verantwortlich für uns. Der einzige Unterschied zwischen der besetzten und der unbesetzten Zone war, daß es im unbesetzten Frankreich keine deutschen Soldaten gab. Natürlich machte uns das nichts aus...

Fast allen kleinen Städten in diesem Gebiet wurden eine bestimmte Zahl von jüdischen Familien zugeteilt. Eauze bekam 17 Familien einschließlich der unsrigen.

Die Männer durften nicht arbeiten, und jede Familie erhielt Lebensmittelgutscheine und etwas Geld, um Essen zu kaufen. Die Kinder gingen mit französischen Kindern zur Schule. Niemand durfte sich mehr als 500 Meter von der Stadtgrenze entfernen. Um weiter weggehen zu können, brauchte man von der Gendarmerie eine besondere Erlaubnis, die »Sauf-Conduit« hieß. Diese Erlaubnis wurde nur in ganz besonderen Fällen gewährt. Wir waren in dieser Stadt also eigentlich Gefangene.

Nach einiger Zeit trafen wir die anderen Familien, und es entwickelten sich enge Beziehungen.

Wir lernten Herrn Dr. Scherf, einen Arzt aus Wien, und seine hübsche junge Frau kennen. Sie hatten keine Kinder. Oft konsultierten ortsansässige Ärzte Herrn Dr. Scherf, besonders in schwierigen Fällen.

Herr Gerner war auch aus Wien. Er war Schriftsteller und Journalist. Er war groß und dürr und trug dicke Brillengläser. Wenn er jemanden anschaute, drückte er immer seine Brillengläser gegen die Augen. Er war ein nervöser Mensch und nahm dauernd Münzen von einer Hand in die andere. Seine Frau war ebenso schön wie Frau Scherf und immer freundlich. Er schrieb Artikel, die Monate später auf geheimnisvolle Weise in Schweizer Zeitungen erschienen.

Herr und Frau Sauerhaft hatten zwei Töchter. Die eine war blond und erinnerte mich an die Filmschauspielerin Veronica Lake.[1] Sie war ungefähr 20 Jahre alt, etwa so alt wie Mia. Ihre Schwester Sophie war etwa 18 Jahre alt und hatte dunkle Augen und dunkle Haare. Niemand mochte Frau Sauerhaft besonders, weil sie zuviel Klatsch über andere Leute erzählte. Ihr Mann jedoch war ein guter Mensch, auch wenn er nicht sehr gebildet war.

Dann gab es noch die Familie Perez. Frau Perez war eine kräftige Frau, die uns immer gute Sachen zu essen gab. Ich ging ziemlich oft zur Familie Perez. Im hinteren Teil der Wohnung hatten sie ein Zimmer, das wir das »Kriegszimmer« nannten. Eine ganze Wand war mit einer riesigen Karte von Europa bedeckt, auf der kleine Flaggen den Verlauf des Krieges anzeigten. Die Männer saßen dort bei heißem Tee und sprachen stundenlang über Politik. Sie hörten Radio, besonders die »Stimme von Lon-

[1] Filmschauspielerin, die in den vierziger Jahren durch Preston Sturges' Hollywood-Satire »Sullivans Travels« zu einer Berühmtheit wurde.

don«. Ich war sehr interessiert an allem, und ich saß oft auch dort bei ihnen. Immer, wenn im Radio gesagt wurde: »Hier ist London«, wurde es sehr still im Raum. Man hätte eine Stecknadel fallen hören können, wenn nicht die Stimme im Radio gewesen wäre. Diese Stimme erhielt alle unsere Hoffnungen am Leben, weil sie die Wahrheit über den Krieg sagte.

Als im Juni 1941 Deutschland die Sowjetunion überfiel, war das für alle eine gute Nachricht. Wir glaubten, daß es der Anfang vom Ende sei. Wie konnte Deutschland den Krieg gegen Rußland gewinnen? Das war doch ein riesiges Land, und war nicht schon Napoleon daran gescheitert? Dennoch rückte die deutsche Armee schnell vor, fast schneller, als wir unsere Flaggen auf der Karte bewegen konnten. Nach kurzer Zeit standen die Deutschen vor Stalingrad.

Inzwischen besuchte ich die Schule in Eauze. Obwohl ich mittlerweile 15 Jahre alt war, kam ich in eine Klasse mit Schülern, die drei oder vier Jahre jünger waren als ich. Mein Französisch wurde immer besser. Ich mochte meinen Lehrer, Monsieur De Veau, und ich glaube, er mochte mich auch. Er übte seinen Beruf mit Hingabe aus. Er zögerte nicht, »des gifles« auszuteilen, oder er schlug uns mit einem kleinen Stock auf die Finger. Ich wurde nie auf diese Weise bestraft. Seine Methode schien zu funktionieren, denn die Schüler lernten ihre Lektionen.

Wir hatten auch einen Lehrer aus dem Norden. Er kam aus Straßburg und war anders als die anderen Lehrer. Er war immer gut gekleidet, und er schien nie denselben Anzug zweimal zu tragen; er muß wohl viele Anzüge gehabt haben. Er las uns oft interessante Geschichten vor, und danach diskutierten wir über den Inhalt. Eines Tages rief mich der Direktor der Schule in sein Büro und teilte mir mit, daß ich in seine Klasse wechseln solle, die »Cours Supérieur« hieß. Meine Lehrer hatten ihm gesagt, daß ich in der Lage sei, dem Unterricht mit Schülern meiner Altersstufe zu folgen. Nach ein paar Tagen fühlte ich, daß ich mit der neuen Situation nicht sehr glücklich war: Ich hörte keine interessanten Geschichten mehr und war nicht mehr bei Monsieur De Veau. Außerdem mochte ich den Direktor überhaupt nicht. Deshalb ging ich zu ihm und sagte ihm, ich hätte Schwierigkeiten, dem Unterricht zu folgen, besonders beim Lesen und Verstehen französischer Texte. Er ließ mich aus einem Buch etwas vorlesen, und ich sprach mit Absicht Wörter falsch aus. Also kehrte ich zurück in die niedrigere Klassenstufe und war wieder glücklich.

Die anderen Schüler waren hauptsächlich Bauernkinder; sie mußten nach der Schule auf dem Feld arbeiten und hatten nicht viel Zeit für Hausaufgaben. Sie trugen »Sabots«, Holzschuhe, die mit Stroh ausgelegt waren, um ihre nackten Füße zu wärmen. Sie tranken auch Wein mit ihren »Goûters«. Meistens sprachen sie Patois, einen französischen Dialekt, der von Bauern des Südens gesprochen wird. Nach einiger Zeit konnte ich sie ganz gut verstehen.

Dann, an einem Freitagabend, geschah etwas Unerwartetes. Die Kerzen für den Sabbat waren angezündet, wir waren fertig mit dem Essen. Ich spielte gerade Schach mit Herrn Lipschitz, einem Freund der Familie. Mein Vater las im Gebetbuch, Mia half meiner Mutter beim Abwaschen. Ich konzentrierte mich auf den nächsten Zug in unserem Spiel, als plötzlich die Tür langsam aufging, und herein trat ein gutaussehender junger Mann. Es war mein Bruder Julius. Ich schaute auf, dachte, es sei ein Traum und wandte mich wieder dem Schachspiel zu. Aber es war wirklich Julius, und er hatte uns viel zu erzählen.

Im Mai 1940, als die deutsche Armee Belgien und Holland besetzte, fand sich Julius mit seinen Klassenkameraden zwischen den Fronten eingeschlossen. Es war fast ein Wunder, daß er entkommen konnte. Als er nach Antwerpen zurückkam, war seine einzige Sorge, wie er uns finden konnte. Er schaffte es mit Hilfe des Schweizer Roten Kreuzes.

Einige Wochen später erfuhren wir, daß Leo mit einem polnischen Bataillon, das der französischen Armee angegliedert war, in die Schweiz geflohen war und daß es ihm gutging. Da herrschte große Freude in unserer Familie, und die Gesundheit meiner Mutter verbesserte sich schlagartig.

Julius hatte ein starkes Verantwortungsgefühl und war sehr besorgt um unser Wohlergehen. Er hatte das Glück, eine Arbeit in einer großen Bäckerei zu finden. Er brachte Brot und Lebensmittelgutscheine mit nach Hause, nicht nur für uns, sondern auch für die anderen Familien. Am Wochenende fällte er oft Bäume für die Bauern, und ich mußte ihm dabei helfen. Wir durften dann soviel Holz mitnehmen, wie wir brauchten. Wir legten auch einen kleinen Garten an, denn Nahrungsmittel waren immer knapp. Es gab keine Kartoffeln, Zwiebeln, Milch und dergleichen. Aber die Bauern hatten immer genug zu essen. Julius und ich gingen oft zu ihnen, um Kartoffeln und Gemüse zu bekommen. Natürlich bezahlten wir dafür. Es war gegen das Gesetz, das zu tun, aber die Gendarmen drückten oft ein Auge zu und ließen uns weiter als die erlaubten 500 Meter von der Stadt weggehen.

Der Kontakt zwischen der französischen Bevölkerung und den jüdischen Familien war gut. Als die Weinlese begann, ging ich zu einem großen Bauernhof und half bei der Traubenernte. Die Bezahlung war zwar gering, aber die Bauern gaben mir eine Menge zu essen. Am Ende der Weinlese gab es ein großes Fest mit Musik und Tanz und natürlich reichlich zu essen und zu trinken. Abends half ich auch beim Keltern des Weines. Das war sehr interessant: die Trauben wurden in riesige Kelter geschüttet, und unten strömten sie in flüssiger Form in große Behälter. Alle stampften mit ihren schmutzigen Schuhen durch die trübe Flüssigkeit; ich sah sogar Bauern, die hineinspuckten. Ich bin sicher, daß die meisten Leute nicht wissen, wie die Weine, die sie mit großem Genuß trinken, hergestellt werden.

Mia hielt es in Eauze nicht mehr aus, und eines Tages brach sie mit Sophie Sauerhaft nach Lyon auf, einer großen Stadt, die mehr als 150 Kilometer entfernt war. Wir waren alle sehr traurig, als sie Eauze verließen.

Im Sommer 1941 zogen wir um in ein anderes Haus, das in recht gutem Zustand war. Es hatte zwei Stockwerke, und die Räume waren ordentlich eingerichtet. Ich hatte Mademoiselle Péjac und ihre 90jährige Mutter kennengelernt. Sie hatten ein Samengeschäft, und jeden Donnerstag ging ich mit der Tochter, die auch schon 70 Jahre alt war, zum Markt und verkaufte Samen. Es kamen immer viele Leute zu unserem Marktstand. Ich entwickelte mich zu einem Samenexperten. Die Bauern bezahlten oft mit Eiern und Hühnern, was natürlich für uns viel wertvoller war als Geld. Mir machte diese Arbeit viel Spaß, besonders weil ich für einen Wagen und für ein kleines Pferd verantwortlich war. Nachmittags, wenn ich kam, gab mir die alte Frau eine große Scheibe Brot mit Butter und Zucker darauf. Sie kochte schon Suppe für das Abendessen. Gegen 19 Uhr kamen Mademoiselle Péjac und ich vom Markt zurück. Nach dem ausgezeichneten Essen gaben sie mir »une pièce de 10 francs«, wodurch ich mir sehr reich vorkam.

Es gab nur ein Kino in der Stadt, und es hatte donnerstags abends eine Vorstellung, die ich manchmal besuchte. Oft ging mitten im Film das Licht aus, weil der Strom zu schwach war. Mehrere Male mußten wir das Kino verlassen, ohne den Rest des Films gesehen zu haben. Julius und ich verbrachten die Abende, wenn wir nicht im Garten arbeiteten oder im Wald Bäume fällten, mit Freunden und kamen sehr oft spät nach Hause. Dann stand mein Vater, auch wenn es noch so spät war, immer auf, um zu überprüfen, ob wir die Haustür richtig abgeschlossen hatten.

Eines Tages sagte Herr Steinfeld, einer unserer jüdischen Freunde, meinem Vater, sein Vermieter, der eine Metzgerei hatte, verkaufe Rinderlunge. Mein Vater kaufte 30 oder 40 Pfund davon. In den nächsten Wochen aßen wir fast nur noch Rinderlunge. Meine Mutter machte sogar Kuchen mit Rinderlunge. Einmal machte sie auch einen Kuchen aus Kartoffelschalen; sie war überhaupt eine wundervolle Köchin.

Herr Steinfeld war in Deutschland ein wohlhabender Mann gewesen. Die Steinfelds hatten zwei hübsche Töchter, Edith und Charlotte. Edith war etwa in meinem Alter, und wir genossen zusammen die Freuden der Jugend. Oft tauschten wir zärtliche Küsse aus, wobei wir darauf achteten, daß uns niemand sah.

Die Steinfelds waren gute Freunde der Spiegels. Herr Spiegel war ein kräftiger Mann, und er hatte immer ein breites Lächeln auf den Lippen. Er und seine Frau besuchten uns oft. Ihr einziges Kind, Rosalie, war ungefähr 9 Jahre alt, und auch sie lächelte immer, genau wie ihr Vater. Sie war ein zurückhaltendes und scheues Kind.

Während so die Monate vergingen, schien sich das Kriegsglück der Deutschen zu wenden. Die deutsche Offensive war vor Stalingrad zum Stehen gekommen. Es war den Deutschen nicht gelungen, England zu besiegen, das beträchtliche Hilfe von den USA erhielt.

Es begann die Zeit, wo deutsche Städte von den Alliierten bombardiert wurden. Dennoch waren wir unruhig, denn es gab Gerüchte, daß Hitler den Juden in Polen schlimme Dinge antat und daß Juden in den neuen Konzentrationslagern getötet wurden.

Ich lauschte mit großem Interesse, wenn die Erwachsenen über das Vorrücken der Alliierten sprachen. Hitlers Niederlage rückte in den Bereich des

Möglichen. Unsere Herzen füllten sich mit Hoffnung. Wir hofften, wir könnten das Ende des Krieges in Eauze erwarten.

An einem Abend im August 1942 waren Julius und ich noch spät mit unseren Freunden unterwegs. Wir waren müde und schläfrig, als wir nach Hause kamen. Mein Vater überprüfte wie gewöhnlich, ob die Haustür richtig verschlossen war. Ich ging zu Bett und schlief schnell ein. Gegen vier Uhr morgens wachte ich plötzlich auf, weil draußen ein schweres Gewitter tobte. Es regnete in Strömen, und die Blitze und der Donner erschreckten mich.

Mein Vater war aufgestanden. Am Eingang neben der Treppe standen drei französische Gendarmen. Zuerst war ich nur verwirrt, dann erschrak ich zutiefst. Von Julius war nichts zu sehen. Da mein Vater kein Französisch sprach, mußte ich für ihn übersetzen. Die Gendarmen waren nicht unfreundlich, aber sie forderten uns unmißverständlich auf, uns so schnell wie möglich anzuziehen und unsere Sachen in einen Koffer zu packen. Dann sollten wir mit ihnen kommen. Plötzlich fragten sie: »Wo ist Ihr anderer Sohn?« Mein Vater gab mir zu verstehen, ich solle ihnen sagen, Julius sei über Nacht bei einem Bauern geblieben, für den er Bäume fällte. »Er versteckt sich auf dem Dach!« flüsterte mein Vater mir zu.

Die ganze Zeit über war meine Mutter noch im Bett, denn ihr war auf einmal schlecht geworden. Jetzt begann sie, sich wie in Krämpfen zu winden und zu schreien. Ich fing an zu weinen. Die Gendarmen wußten nicht mehr, was sie mit uns machen

Hier stehe ich 1954 vor der Türe unseres Hauses in Eauze. Aus diesem Haus wurden mein Vater und ich am 24. August 1942 von der französischen Polizei mitgenommen.

sollten. Schließlich sagte mir einer von ihnen, ich solle Dr. Vincent holen, der bei uns um die Ecke wohnte. Nach etwa 20 Minuten kam Dr. Vincent und gab meiner Mutter eine Spritze, worauf sich ihre Krämpfe noch verschlimmerten. »Sie kann in diesem Zustand nirgendwo hingehen!« rief der Arzt.

Was wir damals nicht wußten, war, daß dieser Arzt der Kopf der lokalen französischen Untergrundorganisation war.

Die Gendarmen drängten jetzt meinen Vater und mich zur Eile. Das Wetter hatte sich etwas aufgehellt, aber es regnete immer noch stark. Es wurde schon hell draußen, und als wir am Polizeirevier ankamen, waren die anderen Familien schon alle dort versammelt. Alle waren verwirrt und vollkommen durcheinander. Die Erwachsenen machten sich große Sorgen und waren ganz verängstigt. Die Kinder klammerten sich zitternd an ihre Eltern. Herr Gerner, der Schriftsteller und Journalist, sagte immer wieder: »Wir werden verbrannt, wir werden verbrannt!« Er wußte wohl mehr als wir anderen über das Schicksal, das uns zugedacht war. Aber was nützte uns das jetzt?! Einige der Männer baten Herrn Gerner: »Hören Sie doch bitte auf, solche Dinge zu sagen!«

Außer meiner Mutter und Julius fehlte niemand. Die Einwohner der Stadt versammelten sich vor dem Polizeirevier, voller Neugierde, was wohl mit uns geschehen würde. Zuerst waren es nur wenige, aber dann kamen immer mehr, und sie wollten wissen, was da vor sich ging.

Inzwischen war es etwa acht Uhr morgens. Ein großer, leerer Bus kam an, und wir mußten unsere Koffer auf den Bürgersteig stellen. Die Gendarmen, von denen wir viele kannten, wußten nicht, wo der Bus uns hinbringen würde. Viele der Kinder hatten Hunger, und ein Gendarm fragte, ob wir noch Brotcoupons hätten. Alle Coupons wurden eingesammelt und mir übergeben, und ich ging mit zwei Gendarmen zur Bäckerei, um Brot zu kaufen. Ich fand es komisch, mit diesen beiden großen Männern zu marschieren, die ihre Gewehre im Anschlag hielten.

Inzwischen waren Hunderte von Menschen zusammengelaufen und schauten zu.

Wir gingen an Mademoiselle Péjacs Haus vorbei. Die Gendarmen erlaubten mir, hineinzugehen und mich von den beiden alten Damen zu verabschieden. Als ich ihnen sagte, was mit uns geschehen war, sagten sie mir, ich solle fliehen. Ich hätte durch eine Hintertür entkommen können. Aber das wollte ich nicht, denn ich hatte doch die Brotcoupons, und so sagte ich ihnen Auf Wiedersehen und kehrte zu den Gendarmen zurück.

Als wir von der Bäckerei zurückkamen, saßen schon alle im Bus. Jetzt wußte die ganze Stadt Bescheid über das, was mit den jüdischen Familien geschehen war. Der Polizeichef kam zu uns in den Bus und sagte, während ihm die Tränen über die Wangen liefen: »Croyez-nous, ce n'est pas sous l'ordre français que nous faisons cela.« (Glaubt uns: es ist nicht auf französischen Befehl, daß wir das tun).

Dann fuhr der Bus ab. Er wurde eskortiert von Polizisten auf Motorrädern: zwei fuhren vorneweg und zwei hinterher. Ich schaute zurück und sah meinen Lehrer, Monsieur De Veau. Er weinte.

Wohin wurden wir gebracht? Niemand wußte es, außer vielleicht Herrn Gerner, aber auf seine schrecklichen Worte wollte niemand hören.

Ich hatte sehr gemischte Gefühle. Ich war jetzt 16 Jahre alt. Würde ich verbrannt werden, wie Herr Gerner es gesagt hatte? Warum? Was hatte ich getan? War es, weil ich Jude war? Die meisten Leute, die ich kannte, waren gute Menschen. Sie wollten leben und glücklich sein. Ich hatte eine solche Sehnsucht, zu leben, Dinge zu tun und glücklich zu sein. Aber irgendwie wußte ich tief in meinem Innern, daß ich überleben würde. Ich wußte es einfach.

Im Bus sagte mir mein Vater, ich solle niemandem mein richtiges Alter sagen. Da ich sehr klein war, sah ich wirklich nicht älter aus als 12 Jahre. Mein Vater zerriß meine Ausweispapiere. Er gab mir etwas Geld für den Fall, daß wir getrennt würden. Er sagte mir, ich solle versuchen zu fliehen, wenn ich die Gelegenheit hätte.

Es war fast 10 Uhr, als wir Eauze verließen. Wegen des Gewitters war die ganze Operation mit Verspätung angelaufen. Man wollte, daß die französische Bevölkerung möglichst wenig mitbekommen sollte von dem, was hier passierte.

Der Bus fuhr von Stadt zu Stadt und nahm weitere jüdische Familien auf. Bald war es ein langer Konvoi von Bussen und Lastwagen, die von immer mehr Polizeifahrzeugen umgeben waren. Die Polizisten wirkten furchteinflößend mit ihren Helmen und Uniformen.

Wir machten einen großen Umweg, um zwei jüdische Männer abzuholen, die auf einem französischen Bauernhof wohnten. Als wir nach Auch kamen, stiegen noch mehr Menschen in unseren Bus ein. Unter ihnen waren Alex und seine Mutter; seine Konversion zum katholischen Glauben hatte ihm also offensichtlich nichts genützt.

In Auch ging etwas Ungewöhnliches vor. Der Konvoi wurde für mehrere Stunden angehalten, und niemand durfte aus dem Bus aussteigen. Es war feucht und heiß, und die Kinder waren hungrig und schrien. Außer dem Brot, das ich gekauft hatte, bekamen wir nichts mehr zu essen.

Schließlich kamen zwei französische Zivilisten in den Bus und teilten mit, die Eltern könnten, wenn sie wollten, ihre Kinder zurücklassen. Die Leute im Bus erschauderten bei dem Gedanken, von ihren Kindern getrennt zu werden.

Inzwischen weinten fast alle im Bus. Die Gestapo bedrängte uns nicht weiter, und so fragte mein Vater, ob ich im Bus bleiben und später mit dem Fahrer und den Gendarmen wieder zurückfahren könne. Die Gestapo war einverstanden.

Immer noch wußte niemand, wo wir hingebracht werden sollten. Es gab so viele Fragen und Befürchtungen in den Köpfen der erschöpften Menschen.

Wir fuhren weiter von Stadt zu Stadt und luden unterwegs immer noch mehr Juden ein. In unserem Bus wußten die Männer und Frauen nicht, was sie mit den Kindern machen sollten. Sie wollten sie nicht zurückschicken, aber es wurde jetzt allmählich klar, daß sie ein schreckliches Schicksal erwartete.

Viele Jahre später wurde auch bekannt, daß die meisten Kinder, die unter solchen Umständen zurückgelassen wurden, keineswegs verschont wurden. Historiker fanden heraus, daß die Vichy-Regierung den Deutschen vorgeschlagen hatte, die Kinder von ihren Eltern zu trennen.

In seinem Buch *Vichy – Auschwitz*[2] hat Serge Klarsfeld die gesamte Deportation der Juden aus Frankreich in den Jahren 1942 und 1943 minutiös dokumentiert. Zwei Zitate mögen das Ausmaß der Grausamkeit, das hinter der sachlichen Auflistung der Zahlen verborgen ist, belegen:

[2] Serge Klarsfeld, *Vichy – Auschwitz: Die Zusammenarbeit der deutschen und französischen Behörden bei der »Endlösung der Judenfrage« in Frankreich*. Nördlingen 1989, S. 426-427.

31. Juli 1942. Transport Nr. 13

Der Transport verläßt Pithiviers mit 1049 Deportierten, darunter 690 Männer und 349 Frauen. Am 17. Juli waren 1989 Juden und 3003 Jüdinen in Drancy eingewiesen worden. Seither wurden 5000 Juden aus Drancy abtransportiert. Man greift also auf die 1129 Juden und 2916 Jüdinnen und bald auch auf die 4115 Kinder zurück, die aus dem Vélodrome d'Hiver in die Lager Beaune-la-Rolande und Pithiviers überstellt wurden. (...) Die größte Altersgruppe bei den Männern liegt zwischen 39 und 52 Jahren (352), bei den Frauen zwischen 38 und 48 Jahren (147). 131 Jugendliche von 15 bis 20 Jahren begleiten ihre Eltern. Zum erstenmal trennten französische Gendarmen – in erschütternden Szenen – die abfahrenden Mütter von ihren Kindern, die später alleine nach Auschwitz transportiert werden sollten.

3. August 1942. Transport Nr. 14

Der Transport verläßt das Lager Pithiviers, in dem mit dem 17. Juli vor allem jüdische Mütter mit Kindern zusammengezogen werden. Um die Züge zu füllen und weil bei Eichmann in Berlin noch keine endgültige Entscheidung über das Schicksal der Kinder getroffen worden ist, werden die Mütter durch die französische Polizei von ihren jüngeren Kindern getrennt und teils allein abtransportiert, teils mit ihren älteren, über 14jährigen Kindern. Dieser Transport umfaßt 982 Frauen und 52 Männer. 757 Frauen sind zwischen 32 und 50 Jahre alt, sie werden von 59 Mädchen im Alter von 14 bis 16 Jahren und von 27 gleichaltrigen Jungen begleitet. Die kleineren Kinder werden dann vom 17. August an ebenfalls allein deportiert. (...) Bei der Ankunft in Aschwitz werden 22 der 52 Männer sowie 540 Frauen zur Arbeit selektiert. 482 Personen, darunter 452 Frauen, werden sofort vergast. Im Jahr 1945 gab es noch sechs Überlebende.

Für das Jahr 1942 gibt Klarsfeld, nachdem er alle Transporte einzeln aufgegliedert hat, in seiner lapidaren Art folgende Zusammenfassung:

Insgesamt fuhren im Jahr 1942, rechnet man die in den Departements Nord und Bass-de-Calais verhafteten Juden nicht hinzu, 43 Transporte aus Frankreich ab, mit denen zwischen dem 27. März und dem 11. November 41951 Personen nach Auschwitz deportiert wurden, darunter 7000 Kinder, die jünger als 17 Jahre alt waren. Es muß aber hervorgehoben werden, daß allein zwischen dem 17. Juli und dem 30. November 34 Transporte mit insgesamt 33057 Juden abgefahren sind. Während dieser 11 Wochen massiver Unterstützung von seiten der französischen Regierung, Verwaltung und Polizei wurden wöchentlich 3000 Juden aus Frankreich deportiert. (S. 474)

Herr und Frau Spiegel sagten mir, sie wollten Rosalie mit mir zurückschicken, und sie fragen mich, ob ich auf sie aufpassen könne. Sie hatten beide Tränen in den Augen; Rosalie war 9 Jahre alt und wirkte sehr zerbrechlich. Sie war sehr hübsch mit ihren großen, ausdrucksvollen Augen. Ich versprach, daß ich sie beschützen würde.

Mein Vater und ich hatten beschlossen, daß ich zurückkehren sollte. Ich fragte Edith Steinfelds Eltern, ob sie Edith mit uns zurückgehen ließen, aber sie sagten nein.

Es muß gegen sieben Uhr abends gewesen sein, als wir endlich unser Ziel erreichten: Le Vernet, eines der französischen Gefangenenlager, etwa 35 Kilometer südlich von Toulouse. Es war ein riesiges Lager mit Dutzenden von Kasernen, die von Stacheldraht umgeben waren.

Als wir in das Lager hineinfuhren, hatte ich das Gefühl, als ob mir jemand die Brust zusammendrückte. Wie konnte man hier wieder herauskommen? Ich sah Hunderte von Menschen vor den Kasernen, alle gut gekleidet, weil sie morgens alle ihre besten Kleider angezogen hatten.

Wir fuhren bis zu einem großen Platz, wo die Busse und Lastwagen anhielten. Alle mußten aussteigen.

Nur ich stieg nicht aus und behielt die kleine Rosalie bei mir. Ich werde nie den Ausdruck in den Gesichtern ihrer Eltern vergessen. Rosalie war sehr mutig und hielt meine Hand.

Draußen schauten alle nach ihrem Gepäck. Ich sah, wie mein Vater versuchte, unseren Koffer zu schließen, der sich geöffnet hatte. Ich stieg aus, um ihm zu helfen, doch er rief mir zu: »Geh' zurück in den Bus!« Als ich das tun wollte, standen mir zwei Soldaten mit ihren Bajonetten im Weg.

»Niemand geht zurück in den Bus«, sagte der führende französische Gestapomann. Er sah gemein aus. Dann sagte einer unserer Gendarmen: »Nous avons l'ordre de ramener ce garçon.« (Wir haben den Befehl, diesen Jungen zurückzubringen). Ich durfte wieder in den Bus einsteigen. Ich sah Frau Sauerhaft am Boden liegen; sie klammerte sich an die Stiefel eines Gendarmen und flehte ihn an, ihre Tochter, diejenige, die aussah wie Veronica Lake, in den Bus zurückzulassen. »Sie ist doch krank!« rief sie immer wieder. Aber es nützte nichts.

Es war jetzt schon spät am Abend, und die Sonne ging am Horizont unter. Alles schien so wirklich und doch gleichzeitig so unwirklich.

Die leeren Busse und Lastwagen fuhren langsam davon. Dieses Mal bildeten sie keinen Konvoi.

Als unser Bus wegfuhr, versuchte ich, noch einmal einen Blick auf meinen Vater zu erhaschen. Ich wurde von Gefühlen der Trauer, Angst und der Einsamkeit überwältigt. Ich wußte nicht, ob ich meinen Vater jemals wiedersehen würde. Rosalie und ich standen im Bus und schauten auf all die Leute, die zurückbleiben mußten. Wie durch ein

Wunder ging der Druck auf meiner Brust wieder weg.

Als wir nach Toulouse kamen, sagten uns die Gendarmen, es sei besser, wenn wir aus dem Bus aussteigen würden. Sie schienen zu wissen, daß es gefährlich für uns sein würde, weiter mit ihnen zu fahren.

Diese Männer haben uns wahrscheinlich das Leben gerettet.

Gegen zehn Uhr abends befanden wir uns mutterseelenallein in der großen Stadt Toulouse. Wir hatten den ganzen Tag nichts gegessen, aber ich merkte nicht einmal, daß ich hungrig war. Als ich ein Haus mit dem Schild »Hotel« sah, gingen wir hinein, und ich fragte, ob wir die Nacht da verbringen könnten.

Das Hotel war voll und das nächste auch. Schließlich kamen wir zu einem kleinen Hotel, wo eine Dame uns sagte, es gebe zwar keine freien Zimmer, aber wir könnten im Badezimmer auf dem Boden schlafen. Wir legten uns auf eine Decke und waren im Nu eingeschlafen.

Nach ungefähr einer Stunde ging das Licht an, und wir sahen einen großen Mann in der Tür stehen. Er fragte uns, was wir da machten. Ich sagte ihm, wir seien nach Toulouse gekommen, um Verwandte zu besuchen, aber wir hätten niemand angetroffen.

»Où sont vos papiers?« (Wo sind euere Papiere?) fragte er. Da wir keine Papiere hatten, ging er zum Telefon in der Halle und rief die Polizei an.

Das Badezimmer war im zweiten Stock. Ich nahm Rosalie an der Hand und wollte mit ihr zur

Treppe rennen. Dann hörte ich, wie der Mann sagte: »Ich werde sie bis morgen früh hier festhalten, dann könnt Ihr sie abholen.« So gingen wir zurück zu unserer Decke und schliefen wieder ein. Glücklicherweise schloß der Mann die Tür nicht ab. Gegen fünf Uhr morgens flüsterte ich Rosalie zu, sie solle aufwachen, und wir schlichen auf Zehenspitzen aus dem Hotel.

Wir waren stundenlang unterwegs, bis wir zu einem jüdischen Tempel kamen. Hunderte von Menschen versuchten, in die Synagoge hineinzukommen. Drinnen ging es chaotisch zu. Alle redeten gleichzeitig oder schrien. Ich sah einen langen Tisch, an dem einige jüdische Männer saßen. Sie versuchten zu erklären, was mit den Juden passierte.

In ganz Europa wurden Juden zusammengetrieben und in Konzentrationslager nach Polen gebracht, hauptsächlich nach Auschwitz.

In Frankreich hatte die Laval-Regierung mit den Deutschen vereinbart, daß alle Juden abgeholt würden, die keine Franzosen waren. Die französischen Juden jedoch sollten vorläufig noch verschont werden. Aber Hitler und seine Helfer hatten zwischenzeitlich beschlossen, alle Juden in Europa zu töten.

Die Juden, die in der Synagoge Zuflucht suchten, schienen im Augenblick sicher zu sein. Aber für wie lange? Ich schaute mich um, um zu sehen, ob ich jemanden kannte. Rosalie klammerte sich an mich. Wir bekamen etwas zu essen, und dann fragten uns die Männer, was unsere Pläne seien. Ich sagte ihnen, daß Rosalies Eltern wollten, daß sie nach Eauze zurückgehe. Sie hofften, daß mutige französische Bauern sie verstecken und für sie sorgen würden.

Ich hingegen wollte nach Lyon gehen, um meine Schwester Mia zu finden.

Uns wurde zunächst gesagt, wir sollten warten. Wir fanden eine Stelle in einer Ecke der Synagoge, wo wir uns zum Schlafen hinlegen konnten. Wir waren so müde, daß uns der Lärm um uns herum überhaupt nicht störte.

Ich verstand nicht, was mit uns geschah und warum es geschah. Hatten wir ein Verbrechen begangen, oder warum wollten uns die Nazis töten? Was hatten Rosalie, Herr und Frau Gerner, Herr Dr. Scherf, Herr und Frau Spiegel, meine Eltern und all die anderen Familien den Nazis denn getan? Das waren die Fragen, mit denen ich mich herumschlug und auf die ich keine Antwort fand.

Am folgenden Tag brachten uns zwei Männer zu einer Bushaltestelle. Sie hatten arrangiert, daß Rosalie von einer französischen Familie in Eauze aufgenommen wurde. Rosalie hatte Angst und weinte, als wir uns verabschiedeten. Ich hoffte von ganzem Herzen, daß sie bei der Familie gut versteckt und in Sicherheit sein würde. Denn ihre Eltern hatten sie mir doch anvertraut, und ich hatte mich für ihre Sicherheit verbürgt! Ich hatte keine Ahnung, ob ihre Eltern oder ich die kleine Rosalie je wiedersehen würden.

Als der Bus sich langsam entfernte, empfand ich ein Gefühl der Trauer und der inneren Leere, weil ich meine kleine Schutzbefohlene aus den Händen gegeben hatte.

Andererseits mußte ich jetzt auch an mich selbst denken. Man brachte mich zum Bahnhof und gab mir etwas Geld und eine Fahrkarte nach Lyon.

»Viel Glück, leb' wohl«, sagten die Männer. »Wir müssen zurückgehen und anderen helfen.« Ich bewunderte den Mut dieser jüdischen Männer, die in die Gefahr zurückgingen, ohne an die eigene Rettung zu denken. Als französische Juden hatten sie noch eine kleine Galgenfrist, und die nutzten sie, um anderen zu helfen, die noch mehr bedroht waren als sie. Diese Juden in Toulouse bewiesen durch ihr Handeln, daß nicht alle, die für die Gaskammern bestimmt waren, klaglos ihr Schicksal hinnahmen, sondern daß Juden inmitten der Katastrophe mit Mut und Besonnenheit gegen die Vernichtungsmaschine angingen.

Ich saß im Zugabteil und wartete darauf, daß der Zug endlich abfuhr. Es war ein warmer Tag, die Sonne schien ins Abteil und ließ mich vor Erschöpfung einschlafen. Ich muß lange geschlafen haben. Als ich aufwachte, fragte ich eine Frau, ob es noch weit bis Lyon sei. »Wir dürften in etwa einer Stunde da sein«, sagte sie. Ich lehnte mich zurück und genoß noch einmal die schöne Landschaft.

In Lyon fand ich schnell das Haus, wo meine Schwester Mia mit ihrem Mann wohnte. Ich mochte ihn sofort. Sie versteckten sich in ihrer Wohnung, obwohl Harry tagsüber noch in seinem Pelzgeschäft arbeitete.

Madame Bidoux, ihre Vermieterin, bewohnte zwei Zimmer neben der Vierzimmerwohnung meiner Schwester. Diese Frau mußte eine Menge Mut haben, daß sie Juden in ihrem Haus versteckte.

Lyon ist eine große Stadt, die damals für ihre Seidenindustrie berühmt war. Fast eine Million Menschen lebten dort, und einem Außenstehenden mußten sie kalt und unfreundlich erscheinen. Und doch zeigten die Menschen von Lyon ein beträchtliches Maß an Zivilcourage.

In diesen Tagen fanden in der Stadt viele »Verlosungen« statt. So nannten die Leute mit schwarzem Humor die organisierten Razzien gegen die Juden. Deutsche und französische Gestapo drang, meistens mitten in der Nacht, in die Häuser ein und nahm ganze Familien mit. Auch Restaurants und Theater wurden durchkämmt, so daß es nicht leicht war, den Nazischergen zu entgehen. Viele Juden flohen auf die »Ile de Roi«, eine kleine Insel mitten in der Rhône, und wenn die Gestapo mit dem Boot kam, um nach Juden zu suchen, versuchten viele in Panik zum anderen Ufer zu schwimmen. Nicht wenige sind bei solchen verzweifelten Versuchen, sich zu retten, in der Rhône ertrunken.

Man braucht keine große Phantasie, um sich vorzustellen, daß die Juden damals in permanenter Angst vor ihren Verfolgern lebten. Gleichzeitig gab es in den gequälten Menschen eine große Sehnsucht, sorglos und glücklich zu leben und alle Gefahren zu vergessen, besonders wenn schönes Wetter war und die Sonne freundlich vom Himmel lachte: Vielleicht konnten wir dann unsere verzweifelte Situation vergessen!

Eines Tages ging ich mit einem Freund in ein Restaurant. Es war Mittagszeit, das Lokal war total überfüllt, die Leute wollten alle ein Mittagessen.

Plötzlich betraten acht bis zehn Männer in Zivil das Restaurant und blockierten die Türen. Sie fingen an, alle Anwesenden nach Ausweispapieren zu fragen. Wir hatten natürlich keine. Eine Flucht schien unmöglich. Ich begann am ganzen Leib zu zittern, mein Freund ebenso. Da bemerkte ich einen großen Mann, der direkt neben uns stand. Ich weiß nicht, ob er ein Gast oder einer von der Gestapo war. Er fragte uns leise, ob wir Juden seien und ob wir Papiere hätten. Dann sagte er: »Kommt mit«, und legte uns seinen Arm um die Schultern. Kühn marschierte er mit uns an der Gestapofrontlinie vorbei. Draußen rief er uns zu, wir sollten so schnell wie möglich wegrennen. Mit klopfendem Herzen und völlig außer Atem brachten wir uns in Sicherheit.

Wieder hatte ein Schutzengel in letzter Sekunde seine Hand über uns gehalten.

Ein anderes Mal saß meine Schwester Mia in einem Straßencafé. Prompt wurde auch sie von einer Razzia überrascht. Doch anstatt wegzulaufen, blieb sie an ihrem Platz sitzen, schlug aufreizend die Beine übereinander, zog ihren Rock bis über das Knie hoch, nahm die Puderdose aus ihrem Handtäschchen und lächelte die Männer herausfordernd an. Da Mia sehr hübsch war, ließ die Gestapo sich täuschen und fragte nicht nach Papieren. Sie bemerkten nicht die innere Anspannung und was es meine Schwester gekostet haben muß, nach außen so nonchalant zu wirken, daß sie verschont wurde.

Mias Mann Harry hatte nicht solches Glück. Einige Monate später, als ich schon Lyon in Richtung Schweiz verlassen hatte, erfuhr ich, daß er von seinem Geschäft, das er immer noch tagsüber betrieb, nicht mehr nach Hause zurückgekommen war. Wir hörten nie wieder etwas von ihm.

Auf diese Weise wurden so häufig Menschen, die einander nahestanden, durch die Willkür der Nazis

Meine Schwester Mia

brutal voneinander getrennt, ohne auch nur ein Wort des Abschieds sich zurufen zu können.

Inzwischen waren meine Mutter und Julius ebenfalls nach Lyon gekommen. Sie verdankten ihre vorläufige Rettung dem Polizeichef von Eauze, der geweint hatte an dem Unglückstag, an dem mein Vater und ich aus Eauze vertrieben worden waren.

Der Polizeichef hatte die Gelegenheit ergriffen, etwas von dem Unglück, das über die Juden von Eauze hereingebrochen war, wiedergutzumachen, und hatte meiner Mutter und Julius Papiere ausgestellt, mit denen sie nach Lyon reisen konnten.

Wir alle hielten uns jetzt abends und nachts in Mias Wohnung versteckt, doch tagsüber wagten wir uns weiterhin aus dem Haus. Dann waren die Straßen belebt, und wir konnten uns einigermaßen gefahrlos in der Menschenmenge bewegen.

Ganz in unserer Nähe lebte ein junger Franzose in einer kleinen Wohnung. Er war lange Zeit arbeitslos gewesen, bevor er in die Gestapo eintrat. Dieser junge Mann warnte uns immer, wenn er etwas von einer bevorstehenden Razzia in einem bestimmten Stadtteil von Lyon hörte. Wir wußten dann Bescheid und blieben diesem Stadtteil fern.

In dieser schweren Zeit lagen Gut und Böse manchmal nahe beieinander; hier war ein Täter plötzlich zum Helfer geworden. Leider blieb solches Verhalten aber die Ausnahme.

Wir brachten die meiste Zeit in der Wohnung zu. Einmal beauftragte mich Mia, ihrer Schwägerin Angèle ein paar Decken zu bringen. Ich mochte die Schwägerin nicht besonders. Sie versteckte sich in einer kleinen Wohnung, etwa 20 Minuten von uns entfernt, und sie kam nie heraus, weil sie sich so fürchtete. Ich ging hin und klopfte laut an die Tür, ohne mich zu erkennen zu geben. Sie dachte, die Gestapo sei gekommen, um sie abzuholen. Erst als ich mich meldete, kam sie zur Tür. Sie zitterte am ganzen Körper vor Angst. Da tat es mir leid, daß ich sie absichtlich so erschreckt hatte.

Die Tage vergingen quälend langsam.

Konnte es eine dauerhafte Lösung sein, sich hier in Lyon zu verstecken? Wir hörten von Leuten, die versuchten, in die Schweiz zu fliehen. Dieses kleine Land hatte sich seine Neutralität bisher bewahren können.

Eine andere Möglichkeit wäre gewesen, zu versuchen, Spanien und Portugal zu erreichen und von Lissabon aus in die USA zu fliehen. Mein Vater hatte uns immerhin ermahnt nicht für längere Zeit an einem Ort zu bleiben

Deshalb beschlossen Julius und ich, in die Schweiz zu fliehen. Mia und Harry wollten in Lyon bleiben und dort das Ende des Krieges erwarten.

Julius und ich hatten vor, frühmorgens den Zug nach Thonon zu nehmen. Dieser kleine Ferienort liegt auf der französischen Seite des »Lac Léman«, wie die Franzosen den Genfer See nennen. Auf der anderen Seite des Genfer Sees liegt die Schweiz.

Wir hatten keine Ahnung, wie wir den riesigen See überqueren sollten. Doch wir waren entschlossen, mit allen Mitteln in die Freiheit verheißende Schweiz zu gelangen. Die kleine Alpenrepublik galt uns als Insel der Freiheit in einem Ozean der Unterdrückung.

Später mußten wir allerdings erkennen, daß das etwas zu idealistisch gedacht war. Beinahe hätten wir unsere übertriebenen Hoffnungen noch teuer bezahlen müssen.

Jedenfalls packte meine Mutter jetzt unsere Rucksäcke für den Aufbruch. Wieder einmal stand unsere Familie vor der Trennung, wieder flossen Tränen beim Abschied. Mutter versprach, so bald wie möglich in die Schweiz nachzukommen. Und Vater? Was war aus ihm geworden, nachdem ich ihn im Lager von Le Vernet aus den Augen verloren hatte? War er noch am Leben, oder hatten ihn die Nazis schon ihrem Rassenwahn geopfert?

Wir gingen früh zu Bett, um am nächsten Morgen rechtzeitig zur Abreise bereit zu sein. Julius und ich schliefen in dem Zimmer, das der Eingangstür am nächsten lag. Meine Mutter, Mia und Harry schliefen in den anderen Räumen.

Gegen drei Uhr morgens wachte ich auf und hörte schwere Schritte auf der Treppe. Mir war sofort klar: Das Schlimmste, was passieren konnte, war jetzt eingetreten! Uns stand eine der gefürchteten Razzien bevor. Julius drehte geistesgegenwärtig die Glühbirne aus der Deckenlampe, und wir krochen beide unter das Bett. Dann stellten wir zwei extra für diesen Fall bereitstehende Koffer so vor uns unter das Bett, daß man uns in dem winzigen Zwischenraum zwischen Wand, Bett und Koffern nicht sehen konnte.

Wir lagen flach auf dem Boden und wagten nicht zu atmen. Ich wundere mich im nachhinein, daß ich in diesem Augenblick nicht in Panik geriet, denn wir konnten ja ohne weiteres entdeckt werden. Trotzdem blieb ich verhältnismäßig ruhig und behielt die Nerven. Es ist immer wieder erstaunlich, was Menschen in extremen Situationen zu ertragen vermögen.

Wir hörten dumpfe Schläge gegen die Wohnungstür, dann eine rauhe Stimme: »Sind da Juden drin?«

Jetzt wurden wir Zeugen, welchen Löwenmut unsere Vermieterin besaß. Ihre Stimme drang mit Macht durch die verschlossene Tür: »Was für eine Unverschämtheit! Mich mitten in der Nacht zu wecken und nach Juden zu fragen! Nein, es sind keine Juden hier!« Und nach einer kleinen Pause noch einmal ihre dröhnende Stimme: »Kommt doch 'rein und schaut nach, wenn Ihr mir nicht glaubt!«

Sie mußte wissen, daß sie mit solcher Kühnheit ihr eigenes Leben aufs Spiel setzte. Doch die Empörung, mit der sie ihre Worte herausgeschleudert hatte, war echt, und sie zeigte ihre Wirkung: Von draußen hörte man jetzt in merklich gedämpftem Ton die Worte: »OK, Madame, beruhigen Sie sich, wir tun doch nur unsere Pflicht.« Daraufhin entfernten sich die Schritte wieder.

Madame Bidoux hatte mit ihrem gerechten Zorn die nächtlichen Eindringlinge vertrieben. Wahrscheinlich konnte sie in diesem Moment gar nicht anders, als ihrer spontanen Empörung freien Lauf zu lassen.

Kurz darauf drang lautes Schreien und Weinen an unsere Ohren. Es kam von den zwei jüdischen Familien, die unter uns wohnten. Sie mußten entdeckt worden sein und wurden weggerissen in ein ungewisses Schicksal. Erst jetzt wurden wir uns richtig bewußt, wie wir von Madame Bidoux beschützt worden waren. Ihre entschlossene Haltung und Festigkeit im Augenblick der Gefahr hatten uns gerettet.

Früh am nächsten Morgen brachen Julius und ich zum Bahnhof auf. Das allein war schon gefährlich, weil die Straßen noch leer waren und wir leicht bemerkt werden konnten. Zum Glück sahen wir eher wie zwei junge, fröhliche Pfadfinder aus als wie zwei jüdische Jungen, die vor den Nazis flohen.

Der Zug war überfüllt. In der unbesetzten Zone Frankreichs gab es zwar kaum deutsche Soldaten, dafür aber genug Gestapoleute in Zivil, die uns gefährlich werden konnten.

Wir kamen gegen Mittag in Thonon an. Sofort sahen wir zwei Reihen von Gestapoleuten am Ausgang stehen. Sie griffen aus der Menge der Reisenden alle heraus, die ihnen irgendwie verdächtig vorkamen. Würden wir durchkommen ?

Wir hatten uns ja als junge Franzosen getarnt. Also schritten wir erhobenen Hauptes und mit einem Lachen auf den Lippen an den Argusaugen vorbei, die Melodie des bekannten französischen Liedes »Auprès de ma Blonde« vor uns hinpfeifend.

Wir kamen durch, ohne angehalten zu werden. Unsere Täuschung war gelungen.

Es war Mittagszeit, und die Straßen von Thonon waren leergefegt. Die Franzosen wollten unter keinen Umständen auf ihr ausgiebiges Mittagessen verzichten. Für uns hingegen war es gefährlich, so allein auf der Straße zu sein, denn immer noch konnten wir ja entdeckt werden.

In Thonon war es zu einem lukrativen Geschäft geworden, Juden auf die andere Seite des Genfer Sees zu schmuggeln. Zwei Nächte zuvor war ein Fischer dabei getötet worden, und jetzt wurden für das Übersetzen im Boot bei Nacht astronomische Summen verlangt.

Wir hatten ohnehin nicht genug Geld, die Überfahrt zu bezahlen. Was konnten wir tun? Die weite Strecke über den See zu schwimmen, wäre zu gefährlich gewesen, obwohl wir beide gute Schwimmer waren.

Nach einigem Überlegen beschlossen wir, auf dem Landweg über die Berge in die Schweiz zu kommen. Wir nahmen einen Bus, um in die Nähe der Berge zu gelangen. Die Menschen waren fröhlich, es war ein schöner Tag, die meisten Leute im Bus machten einen Tagesausflug in die Berge oder waren unterwegs zu einem Campingplatz.

Als wir aus dem Bus ausstiegen, wußten wir nicht, in welche Richtung wir weitergehen sollten. Während wir unschlüssig herumstanden, fiel uns ein Mann in unserer Nähe auf. Er trug einen großen schwarzen Hut, hatten einen Vollbart und war ganz in Schwarz gekleidet. In seiner Hand hielt er einen großen Stock. Ich hielt ihn für einen Hirten. Wir fragten ihn, in welcher Richtung die Schweiz liege. Er musterte uns und fragte zurück: »Seid Ihr Juden?« Ohne eine Antwort abzuwarten, gab er uns zu verstehen, wir sollten ihm folgen. Dann stiegen wir stundenlang auf schmalen Wegen und steilen Pfaden in die Berge. Zwischendurch durften wir uns kurz ausruhen.

Einmal zog er uns hastig ins Gebüsch. Oberhalb von uns waren Stimmen zu hören. Eine Gruppe von Menschen näherte sich, darunter, wie ich erkennen konnte, jüdische Männer, Frauen und Kinder, außerdem französische Grenzsoldaten.

Unser Bergführer flüsterte uns zu: »Wir haben Glück. Sie haben oben Juden gefangen und bringen sie jetzt hinunter ins Tal. Wahrscheinlich sind jetzt gerade keine Wachposten oben.«

Wir setzten unseren Aufstieg fort, es war jetzt schon später Nachmittag. Schließlich erreichten wir die Spitze des Berges. Eine atemberaubende Aussicht bot sich uns dar.

»Auf der anderen Seite liegt die Schweiz. Viel Glück«, sagte unser geheimnisvoller Führer. Wir boten ihm Geld an, aber er wollte nichts nehmen. Auch diesem anonymen Helden verdanken wir unser Leben.

Wir waren in der Schweiz!

Übermütig hüpften wir herum und vergaßen unsere Erschöpfung. Am höchsten Punkt des Berges legten wir uns so auf den Boden, daß unsere Köpfe in der Schweiz und die Füße in Frankreich lagen.

Wir waren jetzt frei und in Sicherheit! Oder doch nicht? Wie konnten wir denn ahnen, daß die Schweizer Regierung just in dieser Zeit beschlossen hatte, die Juden geradewegs nach Frankreich zurückzuschicken, auch wenn das den sicheren Tod für sie bedeutete?

Wir begannen mit dem Abstieg ins Tal. Er erschien uns noch härter als der Aufstieg. Einige Male kamen wir vom Weg ab. Einmal verlor ich das Gleichgewicht und geriet ins Rutschen. Ich schrie auf, und Julius konnte mich glücklicherweise packen, bevor ich in den Abgrund stürzte.

Während wir so hinabgingen, mußten wir auch kleine Flüsse und Bergbäche überqueren. Dabei verlor ich in einem kleinen Wasserfall meine Schuhe. Jetzt taten mir die Füße weh von den spitzen Steinen.

Aber wir schafften es!

Endlich fanden wir uns in einem kleinen Schweizer Dorf wieder. Wir sahen Polizei, die mitten auf dem Marktplatz des Dorfes Flüchtlinge verhörte. Es waren Juden, und sie sprachen nur jiddisch. Wir boten unsere Hilfe beim Übersetzen an. Zum Glück fragten sie uns nicht nach Papieren oder woher wir kamen. So konnten wir das Dorf unbehelligt wieder verlassen und machten uns auf den Weg nach Lausanne.

In der Schweiz

Von Lausanne aus wollten wir weiter nach Zürich, aber ein Zug fuhr erst wieder am nächsten Morgen. Wir gingen in den Warteraum und legten uns auf eine Bank. Von Müdigkeit überwältigt schliefen wir sofort ein.

Plötzlich wachte ich davon auf, daß ein grelles Licht in meine Augen schien. Zwei Schweizer Polizisten standen vor uns und fragten uns, was wir hier mitten in der Nacht zu suchen hätten. Julius sagte ihnen, wir wollten Verwandte in Zürich besuchen und warteten auf den Zug am nächsten Morgen. Sie glaubten uns und fragten uns nicht nach Papieren.

Am Morgen nahmen wir den ersten Zug nach Zürich. Während ich aus dem Fenster schaute, dachte ich darüber nach, welches Glück doch die Menschen in der Schweiz hatten, in einem so schönen Land zu leben. Ich fühlte mich ausgeruht, und die Welt schien wieder in Ordnung: Ich mußte nicht mehr vor der Gestapo fliehen und weglaufen.

Wenn nur meine Mutter, mein Vater und meine Schwester auch hier sein könnten!

Wir erreichten Zürich gegen elf Uhr morgens. Die Stadt war zu dieser Stunde sehr belebt. Die Menschen machten einen sehr zielstrebigen Eindruck. Sie waren gut gekleidet, und die Häuser verrieten den Wohlstand ihrer Bewohner. Zwischen eleganten Geschäften sahen wir zahlreiche Banken und andere Finanzinstitute. Ich bewunderte die schönen alten Gebäude und die wohlausgestatteten Geschäfte. Besonders die Bäckereien und Konditoreien mit all ihren Köstlichkeiten fielen mir ins Auge. Wir gingen in ein Café und aßen eine der besten Mahlzeiten, die ich je genossen habe. Die Kellnerin war freundlich und erklärte uns den Weg zu der Straße, wo Rosa Wohl wohnte.

Rosa war eine gute Freundin unserer Familie. Sie arbeitete in Zürich als Journalistin und war mit einem Schweizer verheiratet gewesen. Jetzt war sie geschieden. Sie hatte einen Sohn, Alfonso, der etwas jünger war als ich.

Wir nahmen die Straßenbahn, um zu Rosa zu gelangen, und dann standen wir vor ihrem Haus.

Wir wollten gerade läuten, als zwei Männer in Zivil auf uns zutraten und uns mit einem Lächeln fragten, ob wir Flüchtlinge aus Frankreich seien. Wir fühlten uns sicher und erzählten ihnen arglos, wir seien aus Frankreich geflohen und wollten jetzt unsere Freunde besuchen.

»Zuerst müßt Ihr mit uns kommen«, sagten sie, »wir sind von der Geheimpolizei.« Sie zeigten uns ihre Ausweise.

»Können wir noch unseren Freunden Bescheid sagen, daß wir hier sind?« fragte Julius.

Sie waren freundlich, aber sie gaben nicht nach. Wir mußten mitkommen, und nach langen Prozeduren, einschließlich des Abnehmens von Fingerabdrücken, wurden wir in eine große Zelle in einem Gefängnis im Stadtzentrum gebracht.

Wir hatten keine Ahnung, was jetzt mit uns geschehen sollte. Warum waren wir im Gefängnis? In der Zelle waren drei weitere Gefangene. Einer war aus der Schweizer Armee desertiert, der zweite hatte ein Fahrrad gestohlen. Ich weiß nicht mehr, warum der dritte einsaß.

Es war ein seltsames Gefühl, mit richtigen Kriminellen im Gefängnis zu sitzen. In der Wand war ein kleines Fenster mit dicken Eisenstäben. Wenn ich hinausschaute, sah ich die Beine von vorbeigehenden Passanten. Draußen war schönes Wetter, und wir beneideten die Menschen, die es genießen konnten. Jeder von uns hatte ein kleines Bett zum Schlafen. Gegen Abend bekamen wir etwas zu essen. Es war nicht halb so gut wie das Essen in dem Restaurant am Vormittag.

Wir hatten ein ungutes Gefühl. Ich hatte Heimweh nach meiner Mutter und weinte. Dann schlief ich ein.

Am nächsten Morgen, nach einem Frühstück mit Kaffee, Brot und Marmelade, öffnete ein Wärter die massive Tür und bat uns, ihm zu folgen. Er brachte uns in zwei getrennte kleine Zimmer. Dann betraten ein Mann und eine Frau den Raum, in dem ich war. Der Mann begann, mir Fragen zu stellen. Als er mich fragte, wie alt ich sei, sagte ich, ich würde am 16. November 13 Jahre alt. Er glaubte mir, und ich sah auch wirklich nicht älter aus.

Ich wurde lange verhört, und die Frau schrieb alles auf. Dann wurde ich in die Zelle zurückgebracht. Etwas später kam auch Julius zurück. Er war durch dieselbe Prozedur gegangen wie ich. Ich glaube, sie wollten sehen, ob unsere Aussagen übereinstimmten.

Wir saßen das ganze Wochenende über in der Zelle und hatten Angst. Es gab nichts zu lesen, und die anderen Männer sprachen nicht viel.

Am Montag wurden wir schließlich in ein großes Büro gebracht. Der Mann hinter dem riesigen Schreibtisch machte einen freundlichen und netten Eindruck. Er aß gerade eine Banane und bot uns auch eine an. Ich nahm gerne eine, und während ich aß, lächelte er uns an.

»Ihr habt großes Glück«, sagte er »denn ihr werdet nicht zurückgeschickt.«

Ich war total verwirrt. Was meinte er nur? War es denn möglich, daß wir fast zu den Nazis zurückgeschickt worden wären?

Später fanden wir heraus, daß, obwohl mehr als 100000 Juden in der Schweiz Zuflucht gefunden hatten, mehrere tausend Männer, Frauen und Kinder in den sicheren Tod zurückgeschickt worden waren. Ein solcher Fall wird in Alfred A. Häslers Buch *Das Boot ist voll* beschrieben:

»Der Gärtner des israelitischen Friedhofes in Bern entdeckte eines frühen Morgens innerhalb der Gräberreihen ein Paar, das dort die Nacht verbracht hatte. Es gab sich zu erkennen als ein junges belgisches Ehepaar israelitischer Herkunft, das nach einer dramatischen Flucht aus Belgien und durch das besetzte Frankreich, um der Deportation nach dem Osten zu entrinnen, heimlicherweise über die Schweizer Grenze und nach Bern gelangt war. Die beiden Eheleute meldeten sich dort unverzüglich auf der belgischen Gesandtschaft, die ihnen mit einem Geldbetrag aushalf und sie an die Organe der Flüchtlingshilfe verwies. In der Angst, dort keine wirksame Hilfe zu finden, verbrachten die beiden Flüchtlinge zunächst die Nacht auf dem israelitischen Friedhof. Es sollte auch ihre letzte Nacht in der Freiheit sein. Der Friedhofgärtner verständigte die Flüchtlingshilfe, deren Organe sich sofort des Ehepaares annahmen, und in der Absicht, völlig korrekt zu handeln, die sofortige Meldung bei der Polizei veranlaßten. Die Polizei, die mit den jungen Leuten Erbarmen hatte und ihnen bei der Unterbringung auf der Wache alle Hilfsbereitschaft und Sympathie bekundete, wartete nun die entsprechenden Instruktionen ab. Der Befehl der Polizeiabteilung lautete: die Flüchtlinge sind sofort in das besetzte Gebiet, wo sie herkamen, auszuschaffen. Dann setzte ein Kampf der Vertreter der Flüchtlingshilfe ein, die, unterstützt von angesehenen Persönlichkeiten außerhalb der jüdischen Gemeinde, das äußerste unternahmen, um den beiden Flüchtlingen die Rückstellung und damit die Trennung und den Untergang zu ersparen. Über die näheren Umstände dieses zweitägigen Ringens wird bei Gelegenheit noch zu sprechen sein; wir müssen uns mit der bitteren Feststellung begnügen, daß alle Demarchen erfolglos blieben und die Eidgenössische Polizeiabteilung ihr schicksalhaftes Machtwort sprach. Die Berner Polizei erhielt Auftrag und Befehl, die Ausweisung über Pruntrut unverzüglich in die Wege zu leiten. Seither wissen die Organe der Flüchtlingshilfe nichts mehr von diesen Flüchtlingen, die in das große Meer des ungeheuren Elends zurückgestoßen wurden. Dürfen wir über diese Dinge schweigen? Billigt das Schweizervolk diese Praxis.« (...)

Das war der Text, den Hermann Böschenstein, der Bundesstadt-Redaktor der Basler »National-Zeitung«, seinem Blatt am 24. August 1942 telefonisch durchgab.

Nach dem Kriege bestätigte die Israelitische Kultusgemeinde in Bern den von Hermann Böschenstein wiedergegebenen Tatbestand und fügte lediglich bei, daß das junge Paar – die Frau zählte zirka neunzehn, der Mann zweiundzwanzig Jahre – kurz nach der »Ausschaffung« in Frankreich aufgegriffen worden sei. Der Mann sei darauf erschossen und die junge Frau deportiert worden. Man habe nie mehr etwas von ihr gehört.

Ein Einzelfall? Ein Betriebsunfall? Das bedauerliche Beispiel eines übereifrigen Beamten der Eidgenössischen Polizeiabteilung? Oder die logische Folge einer im Wesen antijüdischen Flüchtlingspolitik?[1]

[1] Aus: Alfred A. Häsler, *Das Boot ist voll. Die Schweiz und die Flüchtlinge 1933-1945*. Zürich 1967, S. 13-14.

Wenn wir an der Grenze gefaßt worden wären, oder wenn die zwei Polizisten in Lausanne uns nach Papieren gefragt hätten, wäre uns wahrscheinlich dasselbe schreckliche Schicksal zuteil geworden.

Der Mann schüttelte uns die Hand und gratulierte uns. »Wir haben Kontakt mit dem Jüdischen Flüchtlingskomittee aufgenommen«, sagte er. »Sie werden euch bald abholen. Ich hoffe, es gefällt euch in unserem Land.«

Ich war ihm sehr dankbar, denn ich hatte das Gefühl, daß er die Verantwortung dafür auf sich genommen hatte, daß wir in der Schweiz bleiben durften. Zurück in der Zelle begannen wir, unsere Sachen zusammenzupacken. Am späten Nachmittag kamen eine Frau und ein Mann von der Jüdisch-Schweizerischen Flüchtlingsorganisation, um uns abzuholen. Es war ein erhebendes Gefühl, wieder in Freiheit zu sein.

Julius wurde in ein Lager für Emigranten und Flüchtlinge eingewiesen. Als Emigranten galten in der Schweiz all diejenigen, die aus ihrer Heimat geflohen waren, bevor der Krieg begonnen hatte.

Gyrenbad war eines von mehreren Lagern überall in der Schweiz. Die Lebensbedingungen dort waren nicht gerade rosig. Die Schweizer Behörden nahmen ihre Arbeit genau und leiteten das Lager sehr streng. Julius erzählte mir, daß alle, auch alte Männer, zum Appell antreten mußten. Viele dieser Menschen gehörten eigentlich in ein Krankenhaus oder in eine Rehabilitationsklinik, um sich von den Strapazen der letzten Monate und Jahre zu erholen. Sie mußten um 7 Uhr aufstehen, frühstückten um Viertel vor acht und traten um halb zehn zum Marschieren an. Um 12.15 gab es Mittagessen, nachmittags wurden die Unterkünfte gereinigt. Abendessen gab es um 19.45, und danach war nicht mehr viel Zeit, denn um 21.30 wurde schon das Licht gelöscht. Meistens bekamen sie Suppe, Gemüse und Kartoffeln zu essen, aber es war nicht genug, so daß sie oft hungrig waren.

Da die Schweizer Behörden glaubten, ich sei erst 12 Jahre alt, durfte ich bei einer Schweizer Familie wohnen. Wenn sie mein wirkliches Alter gewußt hätten, wäre ich sicher auch nach Gyrenbad gekommen. Statt dessen brachte man mich zur Familie Herz, die sich bereiterklärt hatte, mich aufzunehmen.

Ich sah sofort, daß es eine reiche Familie sein mußte. Sie besaß das größte Teppichgeschäft in der Schweiz.

Herr Herz war 42 Jahre alt und fast zwei Meter groß. Er hatte eine tiefe Stimme und einen Schnurrbart, und wenn er lachte, sah man alle seine Zähne. Frau Herz war eine kleine, attraktive Frau und viel jünger als ihr Mann. Ich war ziemlich eingeschüchtert und war mir nicht sicher, ob sie mich mochte. Sie hatten einen kleinen Jungen, Roby, der 6 Jahre alt war.

Wenn Herr Herz nachmittags Karten spielen ging, telefonierte seine Frau oft mit ihrer Freundin. Sie erzählte ihr, daß sie ein »Flüchtlingskind« aufgenommen habe. Sie sprach Schweizerdeutsch, so daß ich Probleme hatte, sie zu verstehen.

Sie hatten ein Hausmädchen und eine Gouvernante für Roby namens Giselle. Sie war etwa 28 Jahre alt und sehr hübsch. Ich mochte sie gern. Ich mochte auch das Zimmer, das ich für mich allein hatte. Ich verbrachte viele Stunden dort. Um vier Uhr nachmittags kam Herr Herz nach Hause, dann gab es Tee und Kuchen. Ich wurde gebeten, dazuzukommen und probierte von dem köstlichen Kuchen. »Möchtest du noch ein Stück?« fragte mich Frau Herz. »Ja«, sagte ich. »Du mußt ›ja, gerne‹« sagen, verbesserte mich Frau Herz. Ich wußte nun, daß ich aufpassen mußte, wie ich sprach und wie ich mich benahm.

In der ersten Nacht in meinem bequemen Bett weinte ich sehr. Ich war unglücklich und hatte Heimweh nach Julius, meiner Mutter, meinem Vater und meiner Schwester. Wo waren sie jetzt wohl? Und vor allem: was war mit meinem Vater passiert? Was machte ich in diesem großen, reichen Haus? Was würde passieren, wenn Hitler auch die Schweiz überfallen würde? Müßten wir dann wieder fliehen? Es ist leicht zu verstehen, daß ich in dieser ersten Nacht nicht sehr gut schlief.

Am nächsten Morgen wurde spät gefrühstückt, und wieder wurde ich gebeten, mich zur Familie zu gesellen. Herr Herz war auch da. Sein Geschäft war geschlossen wegen des Krieges.

Er pflegte lange Reisen nach Persien zu unternehmen, um Teppiche zu kaufen. Einmal zeigte er mir Filme von diesen Reisen. Er hatte die Dörfer der Araber gefilmt und Karawanen mit Kamelen, die die Teppiche trugen.

Beim Frühstück an diesem Morgen vergaß ich nicht, wenn man mir Brötchen mit Marmelade und heiße Schokolade anbot, »Ja, gerne« zu sagen. Es war schönes Wetter draußen, und ich fühlte mich schon viel besser.

Am Bahnhof mit anderen Flüchtlingskindern, auf dem Weg zu einer Ferienkolonie in der Nähe von Davos

Ich fand bald heraus, daß Herr Herz ein beeindruckender Mann war. Er ging zum Beispiel nach dem Frühstück mit einem dicken Larousse-Wörterbuch ins Bad und saß dort und lernte Wörter. Oder er spielte am Klavier Stücke von Mozart und Beethoven. Er konnte auch wunderbare Bilder malen. Außerdem hatte er eine Werkstatt hinter dem Haus, wo er alte Möbel und ein Boot für den See herrichtete.

Von unserem Haus aus hatten wir einen schönen Blick auf den See, und in der Ferne konnten wir die Alpen sehen. Auf einem der Balkone hatte Herr Herz ein großes Teleskop aufgestellt, und ich verbrachte abends viel Zeit damit, den Mond und die Sterne anzuschauen, während ich tagsüber die Boote auf dem See beobachtete.

Nach einigen Tagen begann ich mich mehr und mehr zu Hause zu fühlen. Alle waren nett zu mir,

Sportfest in Zürich, Frühling 1943. Ich stehe in der Mitte im dunklen Hemd.

und auch ich versuchte, nett zu den anderen zu sein.

Dann begann die Schule. Die Schweizer Schulen gehörten zu den besten in Europa. Jede Klasse hatte zwei Lehrer. Sie teilten ihre Arbeit jeweils mit einer Parallelklasse.

Ich war das einzige Flüchtlingskind, was mich anfangs zu einer Art besonderer Attraktion machte. Alle waren sehr freundlich zu mir, und niemand fragte mich wegen des Krieges. Während der Pause kam immer jemand und wollte mit mir sprechen. Ich freute mich auf die Schule. Danach machte ich meine Hausaufgaben, dann spielte ich mit Roby. Meine Noten waren ausgezeichnet, und die Lehrer lobten meine Arbeit.

Einmal mußten wir einen Aufsatz über das Thema »Zigeuner« schreiben. Ich schrieb zwölf Seiten. Ich konnte mich leicht mit einem Zigeuner ohne Zuhause identifizieren, und so brachte ich alle meine Gefühle in die Geschichte ein. Sie wurde laut in der Klasse vorgelesen, und ich war sehr stolz darauf.

Sport war ein wichtiges Fach in der Schule. Ich mochte vor allem Laufen, Fußball und Schwimmen. Unsere Klasse ging einmal die Woche in das große Schwimmbad von Zürich. Ich werde nie vergessen, wie unser Sportlehrer jedem einen Franc versprach, der das Schwimmbad unter Wasser durchqueren konnte. Nur zwei Schüler schafften es. Als ich an der Reihe war, beschloß ich, so weit wie möglich zu kommen. Mit großer Willensstärke schaffte ich es dreimal. Dieses Kunststück machte mich zu einer Berühmtheit an der Schule.

Meine Schulklasse in Zürich, 1943

Es gab einen Jungen, nicht in meiner Klasse, der mich immer vor den anderen hänselte. Er war viel größer als ich, und ich weiß nicht, warum er auf mir herumhackte. Eine Zeitlang versuchte ich, ihn zu ignorieren. Er nannte mich sogar einen Feigling.

Eines Tages, die Schule war gerade zu Ende, ging ich mit ein paar Klassenkameraden an ihm vorbei. Er stand mit seinen Freunden vor der Schule und sagte mit einem Grinsen im Gesicht mit lauter Stimme, so daß es jeder hören konnte:

»He, dreckiger Jude!«

Etwas in meinem Innern fing an wehzutun, und gleichzeitig machte es »Klick«. Innerhalb weniger Sekunden zuckten viele verschiedene Bilder durch meinen Kopf. Ich erinnerte mich, wie wir auf dem Schulweg in Köln gegen die Hitlerjugend kämpfen mußten und wie wir wegrennen mußten, wenn zu viele von ihnen uns angriffen. Ich erinnerte mich, wie mein Bruder Leo den Nazi in Uniform geschlagen hatte, der mich »Judenlümmel« genannt hatte. Ich erinnerte mich an Scharen von Jungen und Mädchen in Uniform, die durch die Straßen von Köln marschierten und ein Lied sangen mit dem Refrain: »Hängt die Juden, stellt die Roten an die Wand!« Ich sah Dr. Scherf mit seiner hübschen Frau, ich sah Rosalie mit ihren großen Augen, ich sah meine Mutter und meinen Vater, ich sah meine Schwester, und dann schaute ich diesen Jungen an, der mich »dreckiger Jude« genannt hatte.

Mit Tränen in den Augen ging ich auf ihn los. Ich weinte, während ich immer wieder auf ihn einschlug.

Als man uns trennte, blutete er stark. Er wurde ins Krankenzimmer der Schule gebracht. Ich war nicht verletzt, nur meine Fäuste waren blutig.

Am nächsten Tag sprachen in der Schule alle von dem Kampf. Im Klassenzimmer wurde zunächst nicht darüber gesprochen, aber dann brachte der Lehrer das Thema vor. Zuerst sagte er uns, daß der Junge nicht ernsthaft verletzt sei, dann erklärte er der Klasse, was für ein Gefühl in meinem Innern mich veranlaßt haben mußte, das zu tun, was ich getan hatte. Er sprach über Vorurteile, Toleranz und Religion. Als ich entsprechend meinen Schweizer Papieren 13 Jahre alt wurde, veranlaßte die Familie Herz meine Bar-Mizwa. Ich hatte gemischte Gefühle; denn da ich mein wahres Alter geheimhalten mußte, beging ich jetzt diese wichtige Ereignis im Leben eines Juden zum zweiten Mal. Vielleicht war ich das einzige Kind in der Geschichte des Holocaust, das zwei Mal Bar-Mizwa hatte.

Die Wochen und Monate gingen vorbei, und es kam der Winter 1942/43. Alle Jungen und Mädchen meiner Klasse konnten Ski fahren. Ich konnte es kaum erwarten, bis der erste Schnee fiel. Als es soweit war, verwandelte der Schnee die Landschaft in ein Zauberland.

In der Schweiz muß man nicht weit fahren, um Berge und Hügel zu finden, auf denen man wunderbar Ski fahren konnte. Herr Herz war ein begeisterter Skifahrer, und er brachte mir viele verschiedene Techniken bei. Ich hatte so viel Spaß, daß ich nicht oft an den Krieg dachte, und ich muß zu meiner Schande gestehen, daß ich auch nicht allzu oft an meinen Vater und meine Mutter dachte.

Ich war überrascht, als Herr Herz ankündigte, daß eine Reporterin der Zeitung »Die Weltwoche« ein Interview mit mir machen wollte. Ich erzählte ihr die ganze Geschichte unserer Flucht vor den Deutschen. Sie stellte mir eine Menge Fragen. Sie sagte mir, meine Geschichte würde in einer der nächsten Ausgaben erscheinen und sie würde mir ein Exemplar schicken. Mehrere Wochen später erschien dann ein Artikel mit einer Zeichnung, wie ich barfuß in die Schweiz flüchtete. Die Geschichte war etwas anders als das, was ich ihr erzählt hatte, aber das störte mich nicht.

Herr Herz besaß viele Bücher, und da ich gerne las, empfahl er mir oft Bücher zur Lektüre. Unglücklicherweise hatte er einen anderen Geschmack als ich. Er duldete keine Gruselgeschichten oder Western. So mußte ich die Bücher, die ich von Schulfreunden ausgeliehen hatte, verstecken und las sie nachts heimlich mit einer Taschenlampe unter der Bettdecke.

Zweimal die Woche gingen Herr und Frau Herz aus: zum Essen, in ein Konzert oder zu Freunden. Natürlich las ich dann immer, bis ich sie nach Hause kommen hörte.

Eines Abends lag ich gerade gemütlich in meinem Bett mit einem spannenden Buch von Edgar Wallace, als plötzlich die Tür aufging und Giselle in mein Zimmer trat. Sie sagte mir, ich dürfe diese Bücher nicht lesen. Ich war wütend und sagte ihr, sie solle sich um ihre eigenen Sachen kümmern.

Ich mußte zugeben, daß sie schön aussah in ihrem langen Nachthemd. »Sprich nicht so laut, Roby schläft«, flüsterte sie. Sie schaute mich mit einem seltsamen Lächeln an, und dann tat sie etwas, was mir den Atem raubte: Sie zog sich das Nachthemd über den Kopf und stand splitternackt vor mir. Sie war wirklich schön! Obwohl ich in Wirklichkeit 17 Jahre alt war, hatte ich noch nie eine nackte Frau gesehen. Sie legte sich neben mich, und die nächste Stunde war wunderbar.

Als sie gegangen war, fühlte ich mich schuldig und hatte Angst. Von dieser Nacht an kam sie oft in mein Zimmer. Meine Gefühle waren ganz durcheinander; ich empfand gleichzeitig Vorfreude und Schuldgefühle. Glücklicherweise fand nie jemand etwas über uns heraus.

Dann erhielt ich von Frau Herz die gute Nachricht, daß mein Vater und meine Mutter in der Schweiz angekommen seien. Mein Vater sei bei Julius in Gyrenbad, und meine Mutter war im Kantonshospital in Zürich.

Es ist schwer zu beschreiben, wie glücklich ich über diese aufregenden Neuigkeiten war. Ich würde meine Eltern wiedersehen! Mein Vater war am Leben und in Sicherheit! In dieser Nacht konnte ich kaum schlafen.

Am nächsten Tag ging ich meine Mutter besuchen. Ich fuhr mit der Straßenbahn, und als ich im Krankenhaus ankam, fragte ich nach Frau Mali Zimmermann. Ich mußte durch viele Türen und über viele Flure gehen, bis ich die Station meiner Mutter fand.

Ich zitterte vor Furcht und Erwartung, als ich an die Tür des Zimmers klopfte, das sie mit drei anderen Frauen teilte. Wir weinten beide und hielten uns lange an den Händen. Wir verbrachten mehrere glückliche Stunden und hatten uns viel zu erzählen.

Sie erzählte mir, daß man meinen Vater in Le Vernet entlassen hatte, weil mein älterer Bruder Leo als Freiwilliger in die französische Armee eingetreten war. Mein Vater war wahrscheinlich von den Tausenden von Juden, die von Le Vernet nach Auschwitz deportiert wurden, der einzige, der freigelassen wurde. Er verdankte also seinem Sohn Leo sein Leben.

Er suchte dann meine Mutter in Lyon auf. Nachdem sie sich einige Monate in Lyon versteckt hatten, beschlossen sie, ebenfalls über die Grenze in die Schweiz zu fliehen. Meine Mutter wurde mit einer Gruppe von Juden über die Grenze geschmuggelt, während mein Vater den regulären Zug von Lyon nach Zürich nahm. Als sich der Zug der Grenze näherte, ging er einfach von einem Abteil ins andere, versteckte sich zwischendurch auf der Toilette und wurde mit etwas Glück bei der Grenzkontrolle übersehen.

Manchmal funktionieren die einfachsten Dinge am besten!

Ich besuchte meine Mutter, so oft ich konnte. Sobald es ihr besser ging, wurde sie aus dem Krankenhaus entlassen. Sie durfte sich ein kleines möbliertes Zimmer in Zürich nehmen. Das war natürlich viel besser, als im Lager zu leben. Von nun an besuchte ich sie fast jeden Sonntag. Sie kochte mir sehr gute Mahlzeiten.

Herr Herz sagte mir, ich solle um sieben Uhr abends zurück sein, und ich achtete darauf, daß ich pünktlich war. Er legte nämlich großen Wert auf Pünktlichkeit.

Einmal schlug er mich, weil ich fünf Minuten zu spät kam. Es war das einzige Mal, daß er mich schlug, und ich glaube, er bedauerte es, denn an den folgenden Tagen war er sehr nett zu mir.

Am zweiten Sonntag, nachdem meine Mutter aus dem Krankenhaus entlassen worden war, besuchten wir meinen Vater und Julius in Gyrenbad. Das Lager befand sich in einem alten Fabrikgebäude oben auf einem Hügel. Wir gingen zuerst durch ein kleines Tor, dann sahen wir einen Soldaten, der Zigaretten, Postkarten und Briefmarken verkaufte. Es gab einen großen, dunklen Raum, in dem die Besucher empfangen werden konnten.

Es war ein wunderbarer Augenblick, als wir meinen Vater und Julius sahen. Wir waren alle überwältigt. Mein Vater nahm mich in seine Arme, und uns allen kamen die Tränen.

Wir verbrachten den größten Teil der Zeit in dem großen Speisesaal, in dem mehr als 300 Menschen ihre Mahlzeiten einnahmen. Der Ort wirkte deprimierend auf mich, und ich war froh, daß ich da nicht leben mußte. Mein Vater und Julius taten mir leid.

Joseph Schmidt, ein weltberühmter Sänger (»Ein Lied geht um die Welt«), war auch in Gyrenbad. Er wurde sehr krank und kam in dasselbe Krankenhaus, in dem meine Mutter gewesen war. Nach ein paar Tagen teilte ihm der Professor, der ihn behandelte, mit, er könne jetzt ins Lager zurückkehren. Joseph Schmidt protestierte und sagte, er sei noch nicht gesund. Doch der Professor antwortete ihm, es wäre ihm viel schlimmer ergangen, wenn er in seiner rumänischen Heimat geblieben wäre.

So wurde Joseph Schmidt in das kalte Lager zurückgeschickt, und am nächsten Tag starb er im Alter von nur 38 Jahren.

Julius schloß sich einer Theatergruppe an, die aus talentierten Leuten aus verschiedenen Lagern bestand. Sie war ein Ausgleich zu dem monotonen Lagerleben. Sie probten wochenlang, dann traten sie in verschiedenen Lagern in der ganzen Schweiz auf.

An einem verregneten Sonntagnachmittag gingen meine Mutter und ich nach Gyrenbad, um die Aufführung von »Der Mond geht unter« von John Steinbeck zu sehen. Das Stück spielt in einer kleinen Stadt in Norwegen und handelt vom Widerstand der Stadtbewohner während der deutschen Besatzung. Julius spielte den Bürgermeister der Stadt, eine der Hauptpersonen des Stücks.

Die Vorstellung fand im großen Speisesaal statt. Es regnete stark, und der Regen war so laut, daß wir sehr aufpassen mußten, um die Schauspieler zu verstehen. Trotzdem war es ein großer Erfolg, und Julius spielte ausgezeichnet. Ich war sehr stolz auf ihn.

Dann geschah ein weiteres Wunder: Mein Bruder Leo war am Leben; es ging ihm gut, und er befand sich auch in der Schweiz.

Er war in einer polnisch-französischen Einheit der französischen Armee. Nachdem Frankreich kapituliert hatte, floh er mit seinem Bataillon in die Schweiz. Sie waren mehr oder weniger Gefangene in einem militärischen Lager. Aber für Leo existierten keine Gefängnismauern.

Einmal kam er in einer englischen Uniform nach Zürich, um uns zu besuchen. Meistens war er ohne Erlaubnis von seinem Lager abwesend.

Es gab einen starken Antisemitismus in seinem Bataillon. Vielleicht wurde er deshalb zu einem überzeugten Zionisten. Sein einziges Ziel war es, nach Israel zu gehen. Er wurde in einer zionistischen Organisation aktiv.

Da er das Lager oft unerlaubt verließt, steckten ihn die Schweizer schließlich in einen Hochsicherheitstrakt. Er entkam auch von dort und teilte meinen Eltern mit, er wolle nach Frankreich zurückkehren und sich der Untergrundbewegung anschließen. Meine Eltern baten ihn dringend, doch bis zum Ende des Krieges zu warten, aber er hatte sich anders entschieden.

Bevor er ging, versuchte er, Julius und mich davon zu überzeugen, nach dem Krieg nach Israel zu gehen. Seine Argumente klangen sehr vernünftig, aber wahrscheinlich war ich noch nicht reif genug, um meine Zukunft so zu planen und vorherzusehen.

Wir hörten erst 1945 wieder von Leo, als der Krieg in Europa zu Ende war.

Im Sommer 1943 mußte ich drei Wochen zum Landdienst. Die Schweizer Regierung zog während der Sommermonate Jungen und Mädchen ein, die den Bauern bei der Ernte helfen sollten. Der Bauernhof, dem ich zugeteilt war, war etwa eine Stunde von Zürich entfernt. Ich freute mich auf diese neue Erfahrung.

Der Bauer sah alt und unfreundlich aus, aber ich mochte seine Frau und seinen 20jährigen Sohn. Der

Bauer hatte in den vergangenen 25 Jahren seinen Hof nicht verlassen, nicht einmal für einen Besuch in der Stadt.

Morgens wurde ich vom Sohn geweckt, wenn es draußen noch dunkel war. Ich war nicht daran gewöhnt, um vier Uhr morgens aufzustehen. Wir arbeiteten dann in den Ställen. Erst gegen neun Uhr bekam ich etwas zu essen, aber nur etwas Brot mit Käse. Ich war immer noch hungrig, wenn wir aufs Feld fuhren. Wir arbeiteten bis zehn Uhr abends.

Ich verbrachte dort drei elende Wochen, und oft dachte ich daran, wie ich französischen Bauern bei der Weinlese geholfen hatte, wie gut das Essen war und wieviel Spaß wir dort gehabt hatten …

Den Rest des Sommers verbrachte ich in einem Ferienlager in Agnuzzo in der Nähe von Lugano, in der italienischen Schweiz. Hier war ich mit vielen Jungen und Mädchen meiner Schule zusammen. Es war eine sehr schöne Zeit! Unser Lager war direkt am großen Luganer See, und von unserem Zimmer, das ich mit drei anderen Jungen teilte, hatten wir eine herrliche Aussicht auf den blauen See und die Alpen im Hintergrund. Manchmal blieben wir im Lager und spielten Fußball und andere Spiele, oder wir erholten uns am See, an anderen Tagen machten wir Ausflüge und besichtigten historische Stätten. Wir marschierten stundenlang zum Monte Bré und zum Monte San Salvatore, zwei majestätischen Bergen. Wir sangen Lieder beim Marschieren, und abends kehrten wir müde und hungrig, aber glücklich ins Lager zurück. Was für ein Gegensatz zu den Wochen auf dem Bauernhof!

Während die Zeit voranschritt, wandte sich das Kriegsglück gegen die Deutschen. Im Februar 1943 wurden die deutschen Truppen bei Stalingrad besiegt und mußten sich zum ersten Mal zurückziehen. Im gleichen Jahr landeten die Alliierten auf Sizilien. Am 25. Juli wurde die faschistische Regierung in Italien gestürzt, und das Land wurde von deutschen Truppen besetzt.

Im März 1944 besetzten die Deutschen Budapest, und allein von Ungarn aus wurden dann noch mehrere hunderttausend Juden nach Auschwitz in den Tod geschickt.

Nachdem Rom von den Alliierten eingenommen worden war, begann am 6. Juni 1944 die Invasion in der Normandie. Es war ein folgenschwerer und entscheidender Kampf. Viele alliierte Soldaten starben hier für die Sache der Freiheit und ließen ihr Leben an den Küsten der Normandie.

Mit Hilfe der französischen Résistance wurde Paris am 25. August befreit, und am 2. September 1944 erreichten amerikanische Truppen den Rhein.

In der Zwischenzeit waren deutsche Städte von englischen und amerikanischen Flugzeugen schwer bombardiert worden.

Brüssel und Antwerpen wurden befreit, und die russische Armee besetzte Sofia und Belgrad. Auch Budapest und Warschau fielen durch die Russen, und am 7. März 1945 überquerten die Alliierten den Rhein. Die russischen Truppen nahmen Wien ein und erreichten am 21. April das von Bomben verwüstete Berlin.

Schließlich ergaben sich am 8. Mai alle deutschen Armeen. Der Krieg in Europa war zu Ende.

Alles in allem hinterließen die Jahre 1942 bis 1945, die ich in der Schweiz verbrachte, einen tiefen Eindruck in meinem Leben. Während der Kriegsjahre erfreute sich die Bevölkerung dieses kleinen Landes eines soliden Lebensstandards. Die Schweizer waren durchaus bereit, für ihre Freiheit zu kämpfen, aber glücklicherweise wurde ihr Land nicht angegriffen. Wahrscheinlich hatten viele hochrangige Nazis ihr Vermögen auf diskreten Schweizer Bankkonten untergebracht.

Ich sah positive und negative Züge an den Menschen der Schweiz. Für einen Fremden war es schwierig, sich an die Mentalität dort zu gewöhnen. Die Schweizer konnten sehr engstirnig sein, und sie klammerten sich an ihre teilweise überholten Traditionen. Sie hatten den Frauen noch kein Wahlrecht zugestanden, und doch waren sie stolz auf ihre demokratische Lebensweise.

Obwohl die Schweiz viele Tausend Flüchtlinge in die Hände der Mörder zurückschickte, ist es auch eine Tatsache, daß sie etwa 115 000 Flüchtlingen während des Krieges die Aufenthaltserlaubnis erteilte.

Ich schätze mich glücklich, daß meine Familie und ich dort leben konnten, während Millionen Juden in den Gaskammern von Auschwitz und anderen schrecklichen Lagern starben.

Rückkehr nach Frankreich

Nachdem der Krieg zu Ende war, war es für mich keine Frage, daß ich bei meiner Familie bleiben würde, wo immer wir auch hingehen würden.

1945 verließen wir die Schweiz und fuhren mit dem Zug zurück nach Lyon. Während wir durch die wunderschöne Landschaft fuhren, war ich mir sicher, daß ich die knapp drei Jahre, die ich hier verbracht hatte, nie vergessen würde. Es schien noch gar nicht lange her zu sein, daß Julius und ich hier Zuflucht gefunden hatten.

Ich war jetzt drei Jahre älter und reifer. Wieder gingen wir einer ungewissen Zukunft entgegen. Hätte ich bleiben und meine Ausbildung abschließen sollen? Ich vermißte meine Schulfreunde; das machte mich traurig. Andererseits freute ich mich darauf, meine Schwester zu sehen, und war gespannt, zu erfahren, wie es ihr ergangen war.

Wir kamen am späten Nachmittag am Bahnhof von Lyon an, wo Mia und ihr Mann Joe uns erwarteten.

Meine Schwester war eine schöne Frau geworden. Ihr erster Mann Harry war 1942 deportiert worden und starb in Auschwitz. 1944 heiratete sie Joe, der seltsamerweise Harry sehr ähnelte. Er war groß, gutaussehend und einige Jahre älter als Mia. Sie hatten einen entzückenden kleinen Jungen mit dunklen Haaren und dunklen Augen, der Mia ähnlich sah. Beim Abendessen sagte Joe, daß er sich freue, zu einer so großen Familie zu gehören, und daß er glücklich sei, uns in seinem Haus zu haben. Es war ein Abend voller Emotionen, an dem viele Geschichten erzählt wurden. Wir empfanden es alle als ein Wunder, daß wir wieder vereint waren. Es waren ganz besondere und glückliche Momente. Ich war sehr müde und schlief ein, während sich die anderen noch lange unterhielten.

Frankreich war während des Krieges ziemlich gedemütigt worden. Die Maginotlinie, die die nördliche Grenze gegen eine Invasion schützen sollte, war im Mai 1940 von den Deutschen im Nu überrannt worden. Die französische Regierung hatte ihre Verbündeten verraten, und Frankreich mußte nach der Niederlage Nazi-Deutschlands von englischen und amerikanischen Armeen befreit werden.

Glücklicherweise stellten die Aktivitäten des Maquis, der französischen Untergrundbewegung, und des General de Gaulle den Stolz der Franzosen zumindest teilweise wieder her. De Gaulle hatte sich 1940 geweigert aufzugeben und im Exil eine kleine französische Armee aufgebaut, um so den Engländern und Amerikanern zu helfen, Hitler zu besiegen.

1944 war die französische Wirtschaft in einem beklagenswerten Zustand. Die Okkupation durch die Nazis hinterließ ein Gefühl der Unterlegenheit und des verlorenen Stolzes. De Gaulle ärgerte sich über den englischen Premierminister Churchill und den amerikanischen Präsidenten Roosevelt. Er wünschte sich Frankreich wieder als Großmacht in Europa. Unmittelbar nach der Befreiung setzte er eine neue französische Regierung ein. Als erstes ließ er die

Politiker, die mit den Deutschen kollaboriert hatten, vor Gericht stellen. Hastig wurde eine neue Verfassung entworfen und die Vierte Republik gegründet. Es gab einen Mangel an Arbeitskräften, deshalb ging der Wiederaufbau des Landes nur schleppend voran. Doch schließlich wurde durch den amerikanischen Marshall-Plan eine wirtschaftliche Erholung spürbar. Durch diesen Plan stellte Amerika Billionen von Dollar zur Verfügung, um Europa beim Wiederaufbau zu helfen. Es war ein sehr großzügiger Plan, von dem sogar die besiegten Deutschen profitierten. Sie machten das Beste daraus, und nach kurzer Zeit war Deutschland den meisten europäischen Ländern wirtschaftlich voraus. Wenn heute Europäer die Vereinigten Staaten kritisieren, vergißt man oft allzu gerne die gewaltige Bedeutung des Marshall-Planes.

In Frankreich gab es Preiskontrollen und eine drastische Steuerreform. Bis zum Jahre 1958 hatte sich der Lebensstandard der Franzosen deutlich verbessert. Aber die Algerienkrise drohte allen Fortschritt zunichte zu machen.

Wieder war es Charles de Gaulle, der Frankreich die Rettung brachte. Dadurch, daß er Algerien die Unabhängigkeit zugestand, konnte er einen Bürgerkrieg verhindern. Es spricht für seine Bedeutung, daß wahrscheinlich kein anderer Politiker so oft so viel hatte erreichen können. Nach eigener Einschätzung und für Millionen von Franzosen repräsentierte er Frankreich: er *war* schlechthin Frankreich.

Wir blieben einige Wochen bei Mia, bis wir eine Wohnung in der Rue Paul Chenavard beziehen konnten. Es war ein altes Haus, und unsere Woh-

1947 in Frankreich zusammen mit meiner Mutter (rechts) und ihrer Freundin.

nung befand sich im fünften Stock. Meine Mutter verwandelte die Räume mit dem ihr eigenen Talent in ein gemütliches Zuhause.

Ich teilte mein Zimmer mit Julius, der sich zu einem gutaussehenden jungen Mann entwickelt hatte. Trotz unserer verschiedenen Interessen kamen wir gut miteinander aus. Die Mädchen waren immer hinter ihm her, aber er war wählerisch. Oft kam er erst spät in der Nacht nach Hause.

Vom Fenster unseres Zimmers konnten wir durch zwei große Fenster ins Nachbarhaus hineinschauen. Sie standen oft weit offen, und ich fragte mich, was dort wohl vorginge. Leute gingen Tag und Nacht dort ein und aus. Bald stellte ich fest, daß in diesem Haus, nur wenige Meter von uns entfernt, das älteste Gewerbe der Welt praktiziert wurde.

Abgesehen davon hatten wir nette Nachbarn, und es war interessant, im Zentrum von Lyon zu wohnen. Abends ging ich mit meinen Freunden auf die Rue de la République mit ihren Straßencafés, Restaurants und Kinos. In einigen Cafés spielte eine Band auf der Terrasse. Sie spielten populäre Hits wie zum Beispiel »Ah, le petit vin blanc« oder »Vous n'avez pas le rythme américain«. Man hörte auch viele amerikanische Klänge, hauptsächlich Jazz und amerikanische Hits.

Die Straßen waren voll von amerikanischen Soldaten mit französischen Mädchen an ihrer Seite. Einige der besten Hotels von Lyon waren jetzt amerikanische Clubs, und davor standen Schlangen von französischen Mädchen, die darauf warteten, sich mit einem GI einen Abend lang vergnügen zu dürfen.

Einmal sah ich einen großen amerikanischen Lastwagen vorfahren. Innerhalb von Sekunden war der LKW voll mit Mädchen, die sich darum rissen einzusteigen. Sie wurden zu amerikanischen Clubs auf dem Land gebracht.

In jenen Tagen war der amerikanische Soldat König in allen befreiten Ländern. Er hatte ja auch so gute Sachen zu verschenken wie Schokolade, Bonbons, Zigaretten und vor allem Nahrungsmittel, deren Nachschub offenbar unerschöpflich war.

Natürlich gab es deswegen auch einen blühenden Schwarzmarkt; denn mit amerikanischen Waren konnte man schnelles Geld machen. Wenn ein amerikanischer Soldat von der Militärpolizei dabei erwischt wurde, kam er vors Kriegsgericht und erhielt gewöhnlich eine strenge Strafe, zum Beispiel mehrere Jahre Festungshaft. Sein Leben war dann normalerweise ruiniert.

Doch das alles konnte törichte junge Soldaten, fern von der Heimat, nicht davon abhalten, sich in große Schwierigkeiten zu bringen. Die Ironie daran war, daß die großen Händler selten Probleme bekamen. Wenn sie erwischt wurden, zahlten sie eine Geldstrafe an die Zollbehörden, die wiederum die konfiszierten Waren an den Schwarzmarkt zurückverkauften.

Ich hörte einmal von einem sehr naiven GI, der einen Polizisten fragte, wo es denn zum Schwarzmarkt gehe.

Meine Eltern beschlossen, mich in eine Schule zu schicken, wo ich lernen sollte, Damenhandtaschen herzustellen. Ich war nicht besonders daran interessiert, aber in Frankreich galt dieses Handwerk als geachteter Beruf. Außerdem gehörte zur Ausbildung auch das Entwerfen und Herstellen der Muster. Zumindest hatte ich damit eine Beschäftigung und verdiente etwas Geld.

Joe und Mia hatten ein gutgehendes kleines Kleidergeschäft. Sie beschäftigten mehrere Näherinnen und einen Modedesigner.

Mein Vater verkaufte Waren für eine französische Firma, unter anderen Textilien und sogar Möbel. Er arbeitete auf Kommission und war oft unterwegs, um Kunden aufzusuchen. Sein Französisch war immer noch schlecht. Deshalb besuchte er oft eine

Mein Bruder Leo mit seiner Frau Alisa.

polnische Siedlung ziemlich weit von Lyon entfernt, wo er in seiner Muttersprache sprechen konnte.

Julius sah keine Zukunft für sich in Lyon und beschloß, nach Belgien zu gehen. Wir ließen ihn nicht gerne weggehen, aber er war überzeugt, daß es in Belgien bessere Möglichkeiten für ihn gebe.

Eines Tages tauchte Leo wieder auf. Er hatte Verbindungen mit dem illegalen Mossad Aliyah Bet, einer Organisation, die von in Palästina lebenden Juden gegründet worden war. Ihre Mission war es, die Juden durch die englische Blockade nach Palästina einzuschleusen. Dies war häufig eine gefährliche Aufgabe, da die Engländer die Einwanderung begrenzen wollten. Er war auf dem Weg nach Paris, wo er half, die Auswanderung nach Israel zu organisieren.

Leo war im französischen Untergrund gewesen, und nachdem er die Deutschen bekämpft hatte, wollte er jetzt für seine Idee kämpfen und mithelfen, den Staat Israel aufzubauen. Er war immer noch derselbe alte Leo. Äußerlichkeiten waren ihm nicht wichtig. Er hatte langes Haar und war selten rasiert. Wir hörten stundenlang seinen Geschichten vom Maquis zu, wie sie deutsche Züge mit Truppen in die Luft sprengten, deutsche Patrouillen angriffen und französische Kollaborateure töteten. Und jetzt war er bereit, nach Palästina zu gehen und gegen die englische Armee zu kämpfen.[1]

Obwohl mir die Art, wie er aussah und sich kleidete, peinlich war, war ich stolz auf ihn wegen all der Dinge, die er getan hatte und noch tun wollte. Er hatte kein Geld und sagte zu Mia und Joe, er würde nicht eher ihr Haus verlassen, bis sie ihm Geld geben würden. Sie gaben ihm Geld, und wir hörten mehrere Jahre nichts mehr von ihm.

Wir fanden heraus, daß er eine bekannte Persönlichkeit geworden war und daß er tatsächlich half, die Auswanderung nach Israel zu organisieren. Nach mehreren Reisen, bei denen er Juden nach Palästina schmuggelte, beschloß er, dort zu bleiben. Leo schloß sich der Haghanah an, der Jüdischen Geheimen Armee, die die Engländer bekämpfte. Er wurde Offizier, und nach der Ausrufung des Staates Israel im Jahre 1948 begann er, in einem Kibbuz zu arbeiten, wo er ein Mädchen mit dem Namen Alisa kennenlernte. Er heiratete sie, und sie hatten zwei

[1] Diesen Kampf beschreibt Leon Uris ausführlich in seinem bekannten Roman *Exodus*.

1948, Junioren-Fußballmannschaft »Lyon Olympique«. Ich stehe in der hinteren Reihe als fünfter von rechts.

kleine Mädchen, Haya und Tzipora. Er hätte ein Buch schreiben können über sein ereignisreiches und aufregendes Leben!

In der Schweiz hatte ich gerne Sport getrieben, hauptsächlich Skifahren und Fußballspielen. Man sagte mir, ich hätte gute athletische Fähigkeiten.

Eines Tages ging ich zum Vereinshaus von »Lyon Olympique«, dem größten Fußballverein von Lyon. Ich spielte dann mit großem Spaß bei den Junioren und fand dort viele gute Freunde. Mein bester Freund war Pierrot, dann gab es noch Lulu, einen großen, hageren Jungen, und viele andere. Wir trafen uns jeden Tag um zwölf Uhr mittags am selben Ort und unterhielten uns etwa eine Stunde lang. Gegen sechs Uhr abends trafen wir uns wieder und »machten« die Rue de la République, das heißt, wir gingen diese breite Avenue auf und ab und unterhielten uns ohne Unterlaß; meistens redeten wir ziemlich dummes Zeug. Wir trafen andere Freunde, die dasselbe taten.

Eines Abends traf sich die ganze Mannschaft am vereinbarten Ort. Wir rannten in der Formation, in der Fußballmannschaften in ein Stadion einlaufen, mitten auf die belebte Straße, bildeten einen Kreis und begannen mit unseren Trainingsübungen. Natürlich stoppten wir auf diese Weise den gesamten Verkehr. Wir waren vielleicht verrückt!

Und doch: was für ein schönes Gefühl war es, jung, glücklich und sorglos zu sein! Ich mußte manchmal an die Wochen zurückdenken, in denen ich mich im August 1942 in dieser selben Stadt hatte versteckt halten müssen.

Nach etwa einem Jahr beschlossen Joe und Mia, ihr Geschäft nach Paris zu verlegen, dem Zentrum der Mode. In ihrer Branche war Paris offensichtlich der Ort, wo man präsent sein mußte. Wir waren etwas traurig, aber andererseits war Paris nur ein paar Stunden mit dem Zug von Lyon entfernt.

Julius lebte jetzt in Belgien. Er wollte seine Ausbildung fortsetzen, und die Möglichkeiten waren dort einfach besser.

Mit der Zeit bemerkten meine Mutter und ich, daß mit meinem Vater etwas nicht stimmte. Er hatte oft Kopfschmerzen und wurde vergeßlich. Er ging zum Arzt, aber der konnte auch nach vielen Untersuchungen nicht herausfinden, was mit meinem Vater los war. Seine Kopfschmerzen wurden immer schlimmer.

Viele Kunden schuldeten ihm Geld für auf Raten gekaufte Waren. Wegen seines schlechten Zustandes begann ich ihn zu begleiten, wenn er unterwegs war, um Ratenzahlungen einzutreiben.

Die polnische Bergwerkssiedlung war wie ein großes Dorf mit Reihen von grauen Häusern. Sie sahen mehr wie Hütten aus, und die Familien lebten unter primitiven Bedingungen. Es gab kein Gras und keine Bäume. Kinder spielten vor den Häusern und sprachen meistens Polnisch. Wir kamen in viele Häuser, und obwohl diese Menschen in Armut lebten, waren ihre Wohnungen sauber und oft sogar gemütlich.

Alle waren freundlich zu uns. Sie hatten immer das Geld für meinen Vater bereit. Unglücklicherweise konnte er sich oft nicht erinnern, wer seine Kunden waren. Bisher hatte mein Vater ein außerordentlich gutes Gedächtnis gehabt; und er hatte sich nie die Mühe gemacht, eine Kartei mit Namen und Adressen anzulegen. Er hatte Dutzende von kleinen Zetteln lose in der Hosentasche und wußte immer genau, wer ihm Geld schuldete und wieviel. Es war traurig mitanzusehen, wie er sich jetzt verzweifelt zu erinnern suchte.

Mia und Joe schlugen vor, daß wir alle nach Paris kommen sollten. Mit ihrer Hilfe würde es leichter sein, herauszufinden, was mit meinem Vater los war.

Ich ging nicht gern von Lyon weg. Ich hatte so viele Freunde und war wirklich ein guter Fußballspieler geworden. Paris war so viel größer als Lyon, und ich kannte dort niemand.

Inzwischen litt mein Vater immer stärker unter seinen Kopfschmerzen. Wir hörten auf, Geld von seinen Kunden einzutreiben, und er blieb den ganzen Tag im Bett.

Wir verließen Lyon und gingen nach Paris. Joe und Mia hatten eine große Wohnung in der Rue d'Hauteville. Mia war wieder schwanger, doch sie war so reizend und großzügig wie immer.

Ich mochte Paris, aber gleichzeitig vermißte ich meine Freunde in Lyon. Ich war beeindruckt von den großen Boulevards mit all ihren Theatern, Geschäften und Restaurants.

Es war Juni, und die Leute bevölkerten die Straßencafés. Schon damals, im Jahre 1948, war der Verkehr in Paris chaotisch. Die Pariser demonstrierten im Straßenverkehr, wie undiszipliniert sie waren. Für mich hatte Paris in jenen Tagen, und das hat es noch immer, eine ganz spezielle »ambiance« und Atmosphäre. Es ist eine einzigartige, ganz besondere Stadt. Kein Wunder, daß sie so viele Schriftsteller und Komponisten inspiriert hat. Gershwins Komposition »Ein Amerikaner in Paris« oder die Zeichnungen von Toulouse-Lautrec spiegeln ihre Atmosphäre in besonderem Maße wider.

Ich fand eine Arbeit in einem »Atelier«, das Handtaschen herstellte. Mit der Ausbildung, die ich in Lyon begonnen hatte, war ich zuversichtlich, daß ich als Handtaschenmacher gute Arbeit leisten würde. In jenen Tagen war der Beruf des Handtaschenmachers mit einigem Prestige verbunden. Vier Leute bewarben sich um eine einzige freie Stelle: eine Frau und drei Männer. Wir bekamen alle ein Muster und mußten die Handtasche von A bis Z herstellen. Ich wurde als zweiter fertig und wurde zusammen mit dem Mädchen eingestellt. Das »Atelier« war ein kleines Geschäft; wir waren etwa 15 Angestellte. Ich bekam zwei Helfer zugeteilt, und zusammen produzierten wir im Durchschnitt 24 Handtaschen pro Woche.

Mir machte die Arbeit viel Spaß. Es befriedigte mich, einen eleganten Modeartikel herzustellen, der später zu einem hohen Preis verkauft wurde. Die Arbeit fing um acht Uhr morgens an. Es war jeden Morgen ein Abenteuer, mit der Metro zu fahren. Die Stoßzeiten von Paris können wahrscheinlich nur mit der morgendlichen »rush hour« von New York verglichen werden. Um zwölf Uhr machten wir zwei Stunden Pause. Dann arbeiteten wir weiter bis halb sieben. Wie die Franzosen nahmen wir unser Abendessen um acht Uhr ein.

Ich schloß mich wieder einer Fußballmannschaft an und trainierte zweimal die Woche. Es war eine internationale Mannschaft mit Spielern aus Polen, Ungarn, Österreich und sogar aus Algerien und Marokko. Viele Spieler waren Juden, und alle hatten ihre eigene Geschichte vom Überleben im Holocaust zu erzählen. Unser Mittelstürmer hatte für die österreichische Nationalmannschaft gespielt, und auch einige andere waren früher bekannte Spieler in ihren jeweiligen Ländern gewesen. Ich empfand es als eine Ehre, mit so guten Spielern zusammen zu spielen.

Wir hatten viele Anhänger, und wenn wir auswärts spielten, begleiteten uns mehrere Busse mit Fans. Einige der Spieler und der Fans nutzten die allgemeine Nahrungsmittelknappheit nach dem Krieg zu ihrem Vorteil aus. Der Schwarzmarkt blühte natürlich auch in Paris, und oft wurden über Nacht Vermögen gemacht.

Ich erinnere mich an einen kleinen, schweigsamen Mann, der nie eines unserer Spiele verpaßte. Oft bezahlte er nach dem Spiel das Essen für die ganze Mannschaft. Eines Tages sah ich sein Bild auf den Titelseiten der Zeitungen. Aus den Schlagzeilen ging hervor, daß ein weit verzweigter Ring von Autoschiebern aufgedeckt worden war, und der Kopf der Organisation war gefaßt worden. Es war unser Wohltäter. Wir hatten nicht gewußt, daß er in solche Aktivitäten verwickelt war, und wir waren alle sicher, daß er jetzt jahrelang ins Gefängnis mußte. Aber ein paar Wochen später tauchte er wieder bei unseren Spielen auf, freundlich und großzügig wie immer.

Vermutlich hatte er sein Geld in die richtigen Kanäle fließen lassen und war jetzt wieder frei, um seine Aktivitäten weiterzuverfolgen. Es wurde sogar erzählt, seine Organisation habe riesige Summen Geld für den Fall solcher Verhaftungen beiseitegelegt. Natürlich war das nur ein Gerücht. Geld wurde in dieser Zeit leicht verdient und schnell wieder ausgegeben. Wahrscheinlich verdienten auch die meisten französischen Zollbeamten bei solchen Schiebereien mit.

Willie, der Mann von Mias bester Freundin, war eine wichtige Figur auf dem Schwarzmarkt. Seine Taschen waren immer voller Geld, das er wahrscheinlich genauso schnell ausgab, wie er es eingenommen hatte. Einmal lud er uns zu einem Musical ein, das schon seit Monaten ausverkauft war. Aber er schaffte es, am Abend der Vorstellung noch Karten zu bekommen, indem er einen Platzanweiser bestach.

Ich erinnere mich, daß Mia mich eines Tages in Willies Wohnung schickte, um Geld abzuholen. Als ich hinkam, stand er singend unter der Dusche. »Geh ins Schlafzimmer, dort liegt Geld herum. Nimm dir, was du brauchst«, sagte er. Ich traute meinen Augen nicht. Es müssen Millionen gewesen sein, die in Scheinen auf dem Bett lagen. Wahrscheinlich wußte er nicht einmal selbst, wieviel es war. Ich hätte etwas für mich nehmen können, ohne daß er es gemerkt hätte.

Eines Tages fragte mich Willie: »Möchtest du schnell etwas Geld verdienen? Hier in diesen Schachteln sind Nylonstrümpfe. Verkaufe sie deinen Bekannten für 2000 Francs das Paar. Sie werden sie dir aus der Hand reißen. Ich will davon nur 200 Francs pro Paar, den Rest kannst du behalten.«

Während der nächsten Tage verdiente ich mehr Geld als in meinem Beruf in zwei Monaten. Ich sah mich schon reich werden. Ich dachte sogar daran, meine Arbeit aufzugeben.

Einige Zeit später traf ich einen Mann, der 6000 Paar Strümpfe von mir kaufen wollte. Ich war ganz aufgeregt und erzählte Willie davon. Die Ware sollte in eine kleine Boutique in der Rue de Vaugirard geliefert werden. Ich holte die Strümpfe von Willies Wohnung ab. Ich hatte so viele Schachteln, daß ich zwei Mal mit dem Taxi hin- und herfahren mußte. Der Besitzer der Boutique und zwei weitere Männer warteten schon auf mich. Einer von ihnen war der Mittelsmann, der mich zuerst angesprochen hatte. In diesem Moment wußten sie noch nicht, daß ich nur die Hälfte der Ware gebracht hatte. Wir gingen in ein kleines Hinterzimmer, und der dritte Mann begann, die Strümpfe zu zählen. Er war etwa zur Hälfte damit fertig, als plötzlich die Tür aufging und drei Männer mit gezückten Pistolen hereinkamen. Einer zeigte einen Ausweis und sagte: »Das ist eine Verhaftung. Wir sind von der Zollbehörde.« Zuerst stand ich unter Schock. Ich sah mich schon im Gefängnis. Sie brachten uns zur Polizei. Ich war geistig und körperlich total erschöpft. Ich wollte nur noch schlafen und vergessen, was mir passiert war. Dann sah ich, wie zwei der Zollbeamten die Strümpfe zählten. Danach kamen sie zu uns und sagten uns, was wir zu erwarten hatten: »Hier sind unsere Bedingungen. Wenn ihr nicht den Justizbehörden ausgeliefert werden wollt, müßt ihr uns den dreifachen Preis für die Strümpfe bezahlen.« Der Boutiquebesitzer war damit einverstanden und erklärte sich bereit, das Geld zu zahlen. Glücklicherweise hatte ich nur die Hälfte der Strümpfe geliefert. Wir waren wieder frei. Es stellte sich heraus, daß der Mann, der mich angesprochen hatte, von den Zollbehörden war. Ich bin sicher, daß sie ihren Profit durch das Wiederverkaufen der Strümpfe verdoppelten. Nun, das war das Ende meiner Schwarzmarktkarriere.

Die Gesundheit meines Vaters wurde immer schlechter. Er hatte fürchterliche Kopfschmerzen. Die Ärzte konnten sich nicht einigen, was der Grund für seinen schlechten Zustand war, doch sie empfahlen alle eine Operation. Da die Schmerzen unerträglich wurden, war das der einzige Ausweg.

Julius kam nach Paris, um in dieser schwierigen Zeit meinem Vater beizustehen. Es war eine lange Operation, und sie entfernten einen großen Tumor aus seinem Kopf. Der Chirurg versicherte uns, daß die Operation ein Erfolg war, und wir begannen, wieder zu hoffen.

Ein paar Tage später besuchten wir ihn. Er hatte einen weißen Verband um den Kopf, aber er erkannte uns und war in guter Stimmung.

Doch eines Nachts verschlechterte sich sein Zustand, und eine Notoperation wurde notwendig. Danach hielt ihn nur noch sein außergewöhnlich gutes Herz am Leben.

Meine Mutter, Julius und ich wachten abwechselnd an seinem Bett. Wenn ich seine schwachen Hände hielt, konnte ich fühlen, wie er sich anstrengte, mir noch etwas zu sagen.

Ich erinnerte mich an den Tag, an dem wir durch die Straßen von Köln gingen, während Hitler stundenlang schrie und tobte. Wie sicher hatte ich mich bei meinem Vater gefühlt!

Julius war bei ihm, als er starb. Er wurde nur 50 Jahre alt. Da sein Tod nicht plötzlich kam, waren wir nicht schockiert, nur von großer Trauer erfüllt.

Nach dem Tod meines Vaters reichte unser Einkommen nicht aus. Julius beschloß, von Brüssel zurück nach Paris zu kommen. Mit Hilfe meines Gehaltes kamen wir einigermaßen zurecht. Wir wohnten jetzt zu dritt in einer Einzimmerwohnung auf Montmartre. Mit einigen Decken teilte meine Mutter den Raum in zwei Teile, so daß sie ihren Privatbereich haben konnte. Wieder setzte sie ihr ganzes Können ein, um den Ort wohnlich und sogar gemütlich zu machen. Wenn wir aus dem Fenster schauten, sahen wir die schöne Kirche Sacré Coeur. Im Erdgeschoß unseres Hauses war eine Bäckerei, und den ganzen Tag erfüllte der angeneh-

Mein Bruder Julius mit seiner Frau Marylin

me Geruch von gutem französischen Brot und anderen Teigwaren die Luft. Meine Mutter besorgte das Kochen. Sie war den ganzen Tag beschäftigt und besuchte auch oft meine Schwester.

Mia erwartete jeden Tag ihre Niederkunft. Der kleine René war jetzt drei Jahre alt. Er war ein entzückendes Kind. Wir warteten alle gespannt auf das neue Baby. Würde es ein Junge oder ein Mädchen sein? Mia war während ihrer Schwangerschaft schöner denn je. Sie verwöhnte uns alle sehr. Oft kaufte sie ein und bereitete ein Essen für uns alle vor. Ich weiß, daß sie meiner Mutter Geld gab, um auszuhelfen. Ihr Geschäft ging gut, und ihre Entwürfe für Damenkleider wurden in Paris und sogar in anderen Ländern bekannt.

Mias letzten Schwangerschaftsmonate waren schwierig wegen der Belastung durch den Tod meines Vaters. Im achten Monat verletzte sie sich am Fuß und mußte einen Gipsverband tragen. Trotzdem lächelte sie immer und versuchte, fröhlich zu sein. Das gehörte einfach zu ihrer Natur. Sie war jetzt drei Wochen über der Zeit. Ihre Tasche mit den notwendigen Sachen fürs Krankenhaus stand seit Wochen bereit. Sie wollte entspannen und den Roman »Vom Winde verweht« im Krankenhaus zu Ende lesen.

In der Zwischenzeit nahmen wir unsere Bemühungen, nach Amerika auszuwandern, wieder auf. Seit 1933 hatten meine Eltern versucht, ein Visum zu bekommen und in Amerika ein neues Leben anzufangen. Aber bestimmte Unterlagen fehlten immer, und dann brach der Krieg aus. Dadurch wurde der Traum meiner Eltern abrupt beendet.

Julius und ich sahen keine dauerhafte Zukunft für uns in Frankreich. Wir nahmen wieder Kontakt mit unseren Verwandten in New York auf, hauptsächlich mit unserer Kusine Paula. Sie reagierten sofort und schickten uns alle notwendigen Papiere und Unterlagen. Das wichtigste Papier war eine schriftliche Garantie, in der sie mindestens fünf Jahre lang finanziell die Verantwortung übernehmen mußten. Unsere Aussichten waren glänzend, wir mußten nur warten, bis unsere Quotennummer drankam.

Aber es gab einen Haken an der Sache: Nach den amerikanischen Einwanderungsgesetzen hatten in Deutschland geborene Bewerber Vorrang vor in Polen geborenen. Da meine Mutter in Polen geboren war, hatten wir Angst, daß sie nicht mit uns kommen durfte. Aber Julius und ich glaubten, wenn wir erst einmal in Amerika wären, würde auch unsere verwitwete Mutter nachkommen dürfen. Schließlich waren Julius und ich jung und bereit, hart zu arbeiten. Deshalb konnte die US-Regierung meine Mutter nicht als eine potentielle Last ansehen, da wir ja offensichtlich für sie sorgen würden.

Die Tage und Wochen gingen vorbei, und wir versuchten, das Beste aus unserer Situation und unseren beengten Verhältnissen zu machen. Wir lebten nicht im Luxus, aber wir kamen einigermaßen zurecht. Abends blieben wir selten zu Hause, besonders Julius und ich. Er hatte seine Freunde und ich die meinigen. Ich ging zwei Mal die Woche zum Fußballtraining und freute mich auf das Spiel am Sonntag. Manchmal gingen wir zu einer Party oder zu einer Tanzveranstaltung und blieben bis spät in die Nacht.

An einem Sonntag kam ich nach Mitternacht nach Hause. Während ich die Treppen zu unserer kleinen Wohnung hinaufstieg, versuchte ich, keinen Lärm zu machen. Ich wollte meine Mutter nicht aufwecken. Zu meiner Überraschung war die Tür verschlossen, und der Schlüssel war nicht in unserem geheimen Versteck. Das war sehr ungewöhnlich. Ich wußte nicht, was ich tun sollte; schließlich ging ich zum Place Pigalle, um Mia anzurufen. Vielleicht wußte sie, wo meine Mutter und Julius waren.

Pigalle mit seinen vielen Nachtclubs und Restaurants war zu dieser späten Stunde noch hell erleuchtet und sehr belebt. Ich ging in ein Restaurant und kaufte ein Jeton, um anzurufen. Ich wählte die Nummer, und nach einer Weile kam Giselle, Mias Hausmädchen, ans Telefon. Ich sagte: »Giselle, hier ist Herman, weißt du zufällig, wo meine Mutter ist? Ich bin ausgesperrt.«

Ihre Antwort kam so beiläufig, als sagte sie etwas ganz Normales: »Weißt du es noch nicht? Deine Schwester ist gestorben.«

Ich weiß nicht mehr, wie ich aus dem Restaurant herausgekommen bin. Ich war wie in Trance, ging mitten auf der belebten Straße und achtete nicht auf den Verkehr. So etwas war mir noch nie passiert. In meiner Brust war ein stechender Schmerz, und ich dachte immer nur: »Oh nein, nein, nein, laß es nicht wahr sein!« Meine Gedanken rasten. Vielleicht war es ein Irrtum, vielleicht hatte ich Giselle falsch verstanden.

Ich weiß nicht mehr, wie lange ich so in den Straßen von Paris herumirrte. Schließlich kam ich zum Haus von Mia, meiner geliebten Schwester, und ich merkte sofort, daß es die Wahrheit war. Meine Mutter saß auf einem Stuhl, ohne Tränen, sie starrte ins Nichts. Joe weinte, er stand unter Schock. Er schlug immer wieder seinen Kopf gegen die Wand. Julius wirkte gefaßt, aber in seinem Gesicht war ein außerordentlich ernster Ausdruck. Er erzählte mir, was passiert war.

Wegen der Verzögerung der Geburt hatte Mia – unterstützt von Joe – gegen alle Einwände und Proteste meiner Mutter beschlossen, sich von den Ärzten eine Spritze geben zu lassen, damit die Wehen einsetzten. In jenen Jahren war das noch eine ungewöhnliche Maßnahme. Sie bekam dann massive Blutungen, die nur durch eine Operation gestoppt werden konnten. Es war aber in diesem Moment kein qualifizierter Arzt im Krankenhaus. Joe fuhr in ganz Paris herum, um einen Spezialisten zu finden, der die Operation durchführen konnte. Aber es war schon zu spät. Mia wurde schwächer und schwächer und starb schließlich.

Warum mußte uns das passieren? Die ganze Familie hatte Glück gehabt und den Krieg überlebt, und jetzt wurden wir innerhalb kurzer Zeit mit zwei Tragödien konfrontiert: Zuerst starb mein Vater, und dann verließ uns auch meine geliebte Schwester.

Zwei Tage später ging ich zum Krankenhaus, um ihre Sachen abzuholen. Ich ging in den Raum, wo sie aufgebahrt war. Sie war so schön. Tränen stiegen mir in die Augen, und ich konnte nicht mehr an mich halten. Ich weinte wie ein Kind. Da lag noch ihr Exemplar des Romans *Vom Winde verweht*. Sie hatte gerade die Szene gelesen, in der Melanie stirbt.

Dieses Mal ging das Leben nicht normal weiter. Weder meine Mutter noch Julius und ich kamen über den Verlust des wunderbarsten Menschen, den wir je gekannt hatten, hinweg. Sie starb im Alter von 25 Jahren.

Man sagt, die Zeit heilt alle Wunden. Das Leben mußte weitergehen, aber es war nicht mehr so wie vorher. Wir spürten den Verlust meines Vaters und Mias tief in unseren Herzen. Ich vermißte Mias Gegenwart, und mir wurde immer mehr bewußt, was sie mir und vielen anderen bedeutet hatte. Wir hatten keine Verwandten in Paris, aber bei Mias Beerdigung waren Scharen von Menschen, die ich nie zuvor gesehen hatte. Viele Geschäfte, in denen sie eingekauft hatte, hatten ihr zu Ehren geschlossen, die Eigentümer und Angestellen kamen, um ihr die letzte Ehre zu erweisen. Sie war die wichtigste Person in meinem bisherigen Leben.

Nach dieser harten Prüfung des Schicksals konzentrierten wir unsere Bemühungen auf die Auswanderung nach Amerika, um dort ein neues Leben zu beginnen. Ich fing wieder an, sonntags Fußball zu spielen, und Julius und ich begannen, abends wieder auszugehen. Ich schloß mich oft einigen meiner Mannschaftskameraden an, wenn sie in ein Lokal in der Nähe unseres Clubhauses zum Tanzen gingen. Obwohl die Pariser, die zum »Salle-Cadet« kamen, hauptsächlich Arbeiter waren, war die Musik in diesem Lokal ausgezeichnet. Die französischen Mädchen waren einfach gekleidet, in Bluse oder Pullover und Rock. Viele von ihnen waren hübsch, und sie waren auf der Suche nach etwas Unterhaltung. Die Band spielte Musik nach jedermanns Geschmack bis in den frühen Morgen. Diese aufregende Atmosphäre, die die Franzosen »ambiance« nennen, machte es mir leicht, wenigstens zeitweise all die Probleme und Enttäuschungen zu vergessen, mit denen wir in den harten Zeiten nach dem Krieg konfrontiert waren.

Es war in dieser Umgebung, wo ich das Mädchen traf, das zu einem sehr wichtigen Teil meines Lebens werden sollte. Ich sah sie zum ersten Mal an einem Sonntag-abend. Sie hatte schwarzes, gelocktes Haar und dunkle Augen. Ich bemerkte, daß sie nicht einen Moment still an einem Platz stehen konnte. Sie erschien mir wie ein Vogel, der einen Abend lang seinen Käfig verlassen durfte. Sie konnte nicht älter als 17 Jahre sein.

Als ich sie zum Tanzen bat, wußte ich, daß sie etwas Besonderes war. Wir tanzten die ganze Nacht hindurch, und sie sang oft die Lieder der Band mit.

Meine Frau Eliane, mit 18, als ich sie in Paris kennenlernte.

Ich empfand ein ganz neues Gefühl, und bald war ich vollkommen in ihrem Bann.

Sie hieß Eliane und sie war mit ihrer Schwester Solange unterwegs. Sie hatten ihren Eltern gesagt, sie würden ins Kino gehen, denn es wäre ihnen nicht erlaubt worden, tanzen zu gehen.

Ich verliebte mich unsterblich in Eliane, und sie schien sich auch etwas aus mir zu machen. Von da an trafen wir uns immer sonntags abends.

Eines Abends frage sie mich, ob ich ihre Familie kennenlernen wolle. Ich war sehr nervös, als ich die Treppen zu ihrer Wohnung im dritten Stock hinaufstieg. Ich wußte, daß Elianes Eltern zehn Kinder hatten, und ich fragte mich, wie ein Zusammenleben in vier Zimmern möglich war. Eliane sagte mir, daß sie mit zwei Schwestern in einem Bett schlafe.

Ihr Vater arbeitete als Buschauffeur für die Stadt Paris. Nach seinem Arbeitstag kochte er das Essen für die ganze Familie. Das machte ihm Spaß. Er war ein kleiner, stämmiger Mann, und obwohl er sehr streng mit seinen Kindern war, mochte ich ihn sofort.

Elianes Mutter Angèle war in Algerien geboren und stammte aus einer jüdischen Familie. Bei ihrer Heirat übernahm sie die Religion ihres Mannes. Die Kinder wurden deshalb katholisch erzogen. Angele sprach gerne mit mir über jüdische Traditionen; ich glaube, sie fühlte sich noch sehr als Jüdin. Sie repräsentierte für mich die richtige jüdische Mutter. Sie war freundlich und intelligent, obwohl sie sich manchmal bewußt naiv gab. Dies brachte ihren Mann und ihre Kinder dazu, harmlose Späße auf ihre Kosten zu machen. Irgendwie hatte ich ein besonderes Verhältnis zu ihr; sie verwöhnte mich in vielerlei Hinsicht, hauptsächlich durch köstliche Süßigkeiten und Leckereien. Eliane erzählte mir viele Geschichten über sie. Einmal, während der deutschen Okkupation, hatten die Kinder Bonbons von deutschen Soldaten mit nach Hause gebracht. Sie schrie sie an: »Untersteht euch, das zu essen. Das ist Gift!« Sie warf die Bonbons auf den Boden und zertrat sie mit ihren Schuhen.

Elianes Mutter war behindert und brauchte einen Stock zum Gehen. Kurz nach der Befreiung von Paris war sie von einem amerikanischen Militärauto angefahren worden. Sie lag viele Monate im Krankenhaus. Unglücklicherweise hatten sie nie eine Entschädigung von den Amerikanern verlangt.

Eliane hatte einen Bruder, der geistig behindert war. Er war vollkommen hilflos und abhängig. Die ganze Familie liebte ihn und sorgte für ihn, aber die größte Last der Versorgung fiel auf seine Mutter und Eliane.

Während des Krieges brachte Elianes Vater Louis seine Familie in ein kleines Dorf bei Amboise, etwa zwei Stunden mit dem Zug von Paris entfernt. Das Schloß von Amboise ist eines der schönsten Schlösser in der Loire-Region. Die Frau verbrachte dort mit den Kindern die schwierigen Kriegsjahre. Sie haben alle liebevolle Erinnerungen an diese Zeit, obwohl sie voller Not und Entbehrung war.

Unsere Liebe füreinander wuchs von Tag zu Tag. Wir trafen uns jetzt mehrmals die Woche und unternahmen viele Dinge zusammen. Oft gingen wir ins Kino, wir sahen Stars wie Edith Piaf, Yves Montand, George Ulmer oder Juliette Gréco auf der Bühne im ABC-Theater. Meistens kauften wir Karten für die »Promenoir«-Abteilung. Sie waren billiger, aber man mußte während der ganzen Vorstellung stehen. Das machte uns jedoch nichts aus, denn wir waren jung und glücklich, solange wir zusammen waren.

Eliane kam zu allen meinen Fußballspielen, auch wenn das Wetter naß und kalt war.

Aber es gab ein Thema, das bei beiden von uns eine stille Trauer hervorrief. Wir vermieden es, darüber zu sprechen. Es war meine bevorstehende Abreise nach Amerika. Die Einwanderungspapiere, die Julius und ich angefordert hatten, waren fast vollständig, und der Tag der Abreise rückte näher. Wenn es nach mir gegangen wäre, wäre ich nicht weggegangen. Wie sollte ich ohne Eliane leben? Ich liebte sie so sehr, doch es war unmöglich, Pläne für die Zukunft zu machen. Wir hatten kein Geld. Außerdem hatte meine Mutter Eliane nur einmal kurz gesehen, und ich wußte, daß sie unser Verhältnis entschieden ablehnte. Für sie war Eliane nicht jüdisch, und das war alles, was zählte. Ich wagte nicht, ihr oder Julius zu widersprechen. Julius war viel reifer als ich, so daß ich mich gezwungen fühlte, zu tun, was er sagte.

Wegen unserer ungewissen Zukunft machte ich Eliane keinerlei Versprechungen, und sie erwartete auch keine. Doch tief in meinem Herzen hoffte ich, daß ich sie wiedersehen würde. Dann würden wir immer zusammenbleiben.

Es kam der Tag des Abschieds. Julius und ich mußten zuerst nach Göteborg in Schweden fliegen, dort würden wir den Passagierdampfer »Stockholm« besteigen.

Am Abend vorher sah ich Eliane zum letzten Mal. Wir waren in der Metro bei La Madeleine, wo wir uns so oft getroffen hatten. Wir küßten uns zum letzten Mal. Dann fuhr der Zug ein. Die Türen schlossen sich hinter mir, und als der Zug aus dem Bahnhof fuhr, sah ich sie entschwinden. Das Herz wurde mir schwer.

Am Tag unserer Abreise brachte meine Mutter Julius und mich zum Flughafen. Ich sah, daß sie traurig war, auch wenn sie uns dieses Mal nicht in eine ungewisse Zukunft schickte wie damals im Sommer 1938, als sie und mein Vater uns in den Zug nach Holland setzten, oder im August 1942, als Julius und ich in die Schweiz aufbrachen. Damals war unser Leben in Gefahr und unsere Zukunft dunkel und unsicher. Jetzt hingegen waren wir voller Hoffnung und Erwartung auf dem Weg in ein neues Leben. Wir waren bereit, alles zu tun, damit Mutter uns nach Amerika folgen könnte.

Ich hätte eigentlich aufgeregt und in guter Stimmung sein müssen, doch ich war traurig wegen der Trennung von Eliane. Ich faßte den Entschluß, sie nicht zu vergessen und alles zu tun, um sie wiederzusehen.

Meine Mutter nahm sich sehr zusammen, doch ich sah, daß ihre Augen voller Tränen waren.

Wir flogen zuerst nach Kopenhagen und stiegen dort in ein anderes Flugzeug, das uns nach Göteborg bringen sollte. Wir saßen beide zum ersten Mal in einem Flugzeug. Ich saß am Fenster und sah Paris langsam unter mir verschwinden. Ich fragte mich, wo Eliane jetzt wohl war. Nach einer Weile servierten die Stewardessen Frühstück, aber wir lehnten ab und aßen statt dessen etwas von dem Kuchen, den uns unsere Mutter eingepackt hatte. Wir dachten tatsächlich, daß wir für das Essen im Flugzeug zahlen müßten!

In Kopenhagen bestiegen wir ein viel kleineres Flugzeug. Das Wetter war in der Zwischenzeit stürmisch geworden, und unser Flug begann turbulent zu werden. Nach etwa zwanzig Minuten sagte der Kapitän durch, er müsse wegen des schlechten Wetters umkehren. Doch 45 Minuten nach der Durchsage waren wir immer noch in der Luft. Wir wurden schrecklich durchgeschüttelt und hatten oft das Gefühl, als fielen wir senkrecht nach unten.

Im Flugzeug befand sich eine Gruppe orthodoxer jüdischer Studenten. Sie begannen jetzt mit lauter Stimme zu beten. Hinter mir fiel eine Frau in Ohnmacht, und ich spürte in meiner Brust das vertraute Gefühl der Angst. Julius schaute mich mit einem schwachen Lächeln an, und ich merkte, daß auch ihn die Angst ergriffen hatte.

Würden wir nach all den Leiden der Verfolgung jetzt auf diese Weise umkommen?

Doch schließlich landeten wir sicher. Ein Bus brachte uns für die Nacht in ein Hotel. Am nächsten Tag war das Wetter wesentlich besser. Die Gruppe, mit der wir zusammen waren, weigerte sich, wieder ins Flugzeug zu steigen, und da wir ein Gruppenticket hatten, waren wir gezwungen, mit dem Zug nach Göteborg zu fahren.

Wir verbrachten zwei Tage in Schweden, dann gingen wir an Bord unseres Schiffes. Die »Stockholm«, ein ziemlich kleines Schiff, machte ihre Jungfernfahrt, deshalb war alles an Bord neu und elegant. Es handelte sich um das Schiff, das ein paar Jahre später mit dem italienischen Hochseedampfer »Andrea Doria« zusammenstoßen sollte.

Am ersten Tag waren wir beide seekrank. Wir blieben in unserer kleinen Kabine und waren nicht in der Lage, etwas zu essen. Am nächsten Tag fühlte ich mich wieder besser, aber Julius ging es immer noch schlecht. Es war März, und das Meer war stürmisch. Julius war drei Tage lang seekrank.

Die Reise dauerte sieben Tage, und ich genoß das schwedische Essen, das auf reichhaltigen Buffets serviert wurde. Man unterhielt uns auch mit Filmen, Spielen und Tanz am Abend. Schach schien ein beliebtes Spiel an Bord zu sein. Unter den Passagieren war ein bekannter schwedischer Schachspieler; wann immer er spielte, versammelten sich Neugierige um seinen Tisch. Einmal saß ich ihm zufällig gegenüber; wir begannen ein Spiel, und sofort kamen mehrere Leute, um uns zuzuschauen. Ich hielt mich nicht für einen guten Spieler, weil ich zu ungeduldig war, um meine Züge genügend zu durchdenken. Ich machte jedoch durch Zufall und mit etwas Glück einige gute Züge, und plötzlich hatte ich das Spiel gewonnen.

Dann lernte ich ein Mädchen aus Finnland kennen. Sie war sehr hübsch, und sie sprach nur finnisch. Wir trafen uns oft und verständigten uns durch Zeichensprache. Jetzt ging die Zeit viel schneller vorbei.

Als wir in New York ankamen, war das Wetter sehr schön. Unseren Augen bot sich ein beeindruckendes Panorama: die Freiheitsstatue, über die wir viel gelesen hatten, und die imponierende Skyline von New York.

Obwohl Julius und ich nur je fünf Dollar in der Tasche hatten, waren wir optimistisch, und unsere Herzen schlugen schneller in freudiger Erwartung. Aber gleichzeitig waren wir auch still und nachdenklich.

Viele verschiedene Gedanken gingen mir durch den Kopf. Ich erinnerte mich an die schwierigen und gefährlichen Jahre, die hinter uns lagen. Ich dachte an die jüdischen Familien in Eauze. Ob jemand von ihnen noch am Leben war? Und wir waren jetzt hier in New York an der Schwelle eines neuen Lebens.

Einige Beamte der Einwanderungsbehörde betraten das Schiff, um unsere Dokumente und Visa zu überprüfen. Alles war in Ordnung; wir konnten das Schiff verlassen.

Bis heute erinnere mich gut an das seltsame Gefühl, als ich zum ersten Mal amerikanischen Boden betrat. Es war im März 1949. Mir fiel ein, daß meine Eltern schon im Jahre 1933 diese Reise machen wollten. Leider konnte mein Vater diesen glücklichen Moment nicht mehr erleben. Ich hoffte, daß er uns vom Himmel aus sehen konnte.

Da wir unsere Kusine Paula nicht von unserer Ankunft benachrichtigt hatten, erwartete uns niemand am Hafen. Ein Taxi war uns zu teuer, deshalb fuhren wir mit der U-Bahn nach Brooklyn. Unsere Englischkenntnisse waren begrenzt, doch wir gelangten an unser Ziel. Zwei Stunden später befanden wir uns vor dem Haus, in dem Paula und ihre Familie wohnten.

Als Paula uns erkannte, schloß sie uns mit einem Freudenschrei in die Arme. Sie war eine große, schlanke und hübsche Frau von Anfang dreißig. Ihr Mann war bei der Arbeit, sie war allein mit ihrem vierjährigen Sohn Alvin. Ihr neunjähriger Sohn Martin war noch in der Schule.

Wir sahen, daß sie sehr glücklich war, uns zu sehen, deshalb fühlten wir uns sofort wohl. Es gab so viel zu erzählen, und sie hatte so viele Fragen. Ich erzählte ihr von unserem Besuch in Paris bei ihrer Mutter und ihrem Bruder. Sie weinte und sagte, die beiden seien einfach spurlos verschwunden, wie so viele Juden in Europa in dieser Zeit.

Sie rief Verwandte und Nachbarn an, um ihnen zu sagen, die »Jungs« aus Europa seien endlich angekommen.

Als Simon nach Hause kam, freute er sich auch, uns zu sehen. Er arbeitete in einer großen Kleiderfabrik, aber er sagte, er könne seine Erfahrung als erstklassiger Schneider nicht verwenden.

Obwohl wir wußten, daß er mehr als 20 Jahre älter war als Paula, hatten wir doch nicht erwartet, daß er so alt und erschöpft aussehen würde. Wir sahen, daß sie nur ein bescheidenes Einkommen hatten. Dennoch nahmen sie uns großzügig auf; das habe ich ihnen nie vergessen.

Abends trafen wir noch mehr Verwandte: die Newmans mit ihrer Tochter Elli, die etwa in meinem Alter war und studierte, um Lehrerin zu werden. Nach und nach lernten wir auch ihre Freunde und Nachbarn kennen.

Wir hatten das Gefühl, eine Attraktion zu sein, aber darauf legte ich keinen besonderen Wert. Ich war ziemlich schüchtern und ließ meistens Julius reden. Er war ein gutaussehender und intelligenter junger Mann.

Eines Tages erzählte uns Paula von einigen Frauen in der Nachbarschaft, die nichts dagegen hätten, Julius' Schuhe unter ihrem Bett zu sehen. Sogar Paula selbst schien von ihm gebannt zu sein.

Mich berührte das nicht, denn ich war mit meinen Gedanken meistens bei Eliane in Paris. Obwohl sie Tausende von Meilen entfernt war, war sie meinem Herzen sehr nahe.

Julius und ich begannen, uns um einen Arbeitsplatz und eine eigene Wohnung zu kümmern. Obwohl uns Simon und Paula versicherten, wir könnten bleiben, solange wir wollten, war unsere Anwesenheit für sie doch eine zusätzliche Belastung. Ihre Wohnung war einfach zu klein.

Glücklicherweise fanden wir fast gleichzeitig eine Arbeitsstelle und ein möbliertes Zimmer. Durch einen Bekannten von Simon bekam ich eine Stelle in einer Fabrik für Hutschachteln. Simon fand auch eine Stelle für Julius in der großen Kleiderfabrik, in der er arbeitete. Wir konnten sofort in das möblierte Zimmer in der Kingston Avenue ziehen, das nur eine U-Bahn-Station von Paula entfernt war. Sie bestand darauf, daß wir zum Abendessen zu ihr kamen. Unsere Vermieterin war eine sehr freundliche ältere jüdische Frau. Sie behandelte uns, als kämen wir aus einer primitiven Gesellschaft. Als wir das erste Mal einen Anruf erhielten, gab sie uns eine ausführliche Anleitung zur Benutzung des Telefons: »Hier spricht man hinein, und hier hört man«, erklärte sie. Später, als sie uns ihre Lebensgeschichte erzählte, erfuhren wir, daß sie aus einem kleinen »Shtetl« in Polen nach Brooklyn gekommen war. Das war alles, was sie von der Welt gesehen hatte.

Mein erster Arbeitstag war ein großer Augenblick für mich. Ich hatte etwas Angst, denn ich wußte nicht, was mich erwartete.

Die Fabrik nahm drei Stockwerke in einem riesigen, 20stöckigen Gebäude ein. Eine junge Frau bat mich, ihr ins Büro zu folgen. Sie gab mir eine Lochkarte mit meinem Namen darauf und erklärte mir, daß ich jeden Morgen die Karte in eine Maschine am Eingang stecken müsse. Um fünf Uhr nachmittags, wenn der Arbeitstag zu Ende war, mußte ich den Vorgang wiederholen. Dann bat mich eine andere Frau, ihr zu folgen. Ich konnte mich etwas umschauen, während wir durch mehrere Abteilungen gingen. Ich sah überall aufgetürmte Berge von Hutschachteln. Dann heulte eine Sirene, und Hunderte von Männern und Frauen jeden Alters und verschiedener Hautfarben begannen ihre Arbeit. Alle schienen ständig hin und her zu rennen. Dies und dazu der Lärm der Maschinen erzeugten eine Atmosphäre hektischer Aktivität.

Schließlich hielten wir vor einer Abteilung mit in einer Reihe aufgestellten Schneidemaschinen. Die Frau bat einen jungen Schwarzen, mir zu zeigen, was ich tun solle. Er war groß und schlank und nicht viel älter als 19 oder 20 Jahre. Was er mir zeigte, war ganz einfach. Ich mußte auf einem niedrigen Schemel sitzen, mit der linken Hand ein Stück Pappkarton nehmen und in die Maschine stecken. Wenn ich es mit der rechten Hand wieder herauszog, war es zu einem Zylinder geworden. Was mich beunruhigte, war der Moment, in dem die Maschine den Zylinder abschnitt. Denn was würde geschehen, wenn ich nicht aufpaßte und mein Finger oder sogar die ganze Hand in die Maschine kam? Die Maschine hatte drei Geschwindigkeitsstufen, und Bill hatte die niedrigste eingestellt. Ich überlegte mir, daß nichts passieren konnte, solange ich aufpaßte.

Ich hatte über eine Stunde gearbeitet, als ein großer, schwerer Mann neben mir anhielt und nach meinem Namen fragte. »Hör nicht auf, zu arbeiten; beantworte nur meine Fragen«, sagte er. Offensichtlich kannte er meinen Hintergrund, denn er sprach jiddisch mit mir. »Ich bin der Eigentümer dieser Fabrik«, sagte er, »du brauchst keine Angst zu haben, dies ist kein Konzentrationslager, niemand wird dir etwas antun.« Dann stellte er die Maschine von langsam auf schnell. Jetzt hatte ich keine Zeit mehr, überhaupt an irgend etwas zu denken. Der Lärm dröhnte in meinem Kopf. Ich mußte mich sehr schnell bewegen, und ich hatte Angst, die Geschwindigkeit wieder auf langsam zu stellen.

Als die Sirene um halb zwölf zur Mittagspause heulte, war ich körperlich und geistig erschöpft. Ich dachte an Charlie Chaplins Film »Moderne Zeiten«, dessen komische Szenen mit Menschen an rasenden Maschinen ich jetzt in einem ganz neuen Licht sah.

Am Freitag-abend erhielt ich meinen ersten Lohn in Amerika. Obwohl ich nur 65 Cent die Stunde verdiente, fühlte ich mich reich und glücklich. Meine Arbeitskameraden jedoch rieten mir, nicht für so wenig Geld zu arbeiten, deshalb ging ich am Montag nicht mehr hin.

Wenn ich jetzt zurückblicke, glaube ich, sie wollten mich einschüchtern, weil sie ihren eigenen Arbeitsplatz schützen wollten, und sie fürchteten, daß noch mehr billige Arbeitskräfte eingestellt würden. Ich konnte ihnen daraus keinen Vorwurf machen.

In der Zwischenzeit war auch mein Freund Herbert Berry aus der Schweiz mit seiner Mutter nach Amerika gekommen. Er war in meinem Alter, trug dicke Brillengläser und machte die verrücktesten Sachen. Einmal sah ich, wie er Senf auf ein Zuckerstück strich und es mit offensichtlichem Behagen verschlang.

Er war entschlossen, in Amerika zu studieren, aber zuerst wollte er etwas Geld verdienen. Er fragte mich, ob ich mit ihm in die Catskill Mountains ginge. Das war ein Feriengebiet mit Hunderten von Hotels, wo die New Yorker während des Sommers hingingen, um der Hitze und der Feuchtigkeit zu entkommen. Herbert nahm seinen Bleistift und zog mit geschlossenem Auge um das Gebiet auf der Karte einen Kreis.

Eine Woche später waren wir in Liberty im Herzen der Catskill Mountains. Die Fahrt mit dem Bus hatte zwei Stunden gedauert. Liberty war eine belebte kleine Stadt. Wie in den meisten Städten der USA gab es eine breite Main Street mit vielen Geschäften, Restaurants, Kneipen und Imbißbuden.

Wir gingen zu einer Arbeitsvermittlungsstelle und gaben einer korpulenten, aber hübschen Frau unsere Namen an. Sie lächelte freundlich und sagte: »Kein Problem, wir werden etwas für euch beide finden.« Sie erklärte uns, da es erst April sei, gebe es nur die Möglichkeit, in den Hotels bei den Vorbereitungen für die Sommersaison zu helfen. Die Saison begann offiziell Ende Mai nach dem Memorial-Day-Feiertag.

Die Dame fand zwei Arbeitsstellen für uns, allerdings nicht im selben Hotel. Wir beschlossen anzunehmen, und eine Stunde später wurde ich abgeholt und zu meiner Arbeitsstelle gebracht. Es war ein kleines Hotel, wo ich den Eigentümern mit vielen kleinen Arbeiten helfen mußte: Ich strich Zäune und Türen, mähte den Rasen und half beim Saubermachen. Das Hotel war zwar klein, aber die Gäste hatten Zugang zu den Einrichtungen des großen Hotels »Swan Lake« in der Nähe.

Mein Chef mochte mich und half mir, für die Saison einen Job in dem großen Hotel zu finden. Ich verdiente 75 Dollar im Monat und konnte fast alles sparen, weil ich keine Ausgaben hatte. Die Eigentümer waren ein nettes jüdisches Paar um die Fünfzig. Sie unterhielten sich gerne mit mir. Sie wollten wissen, was mit den Juden in Europa geschehen war, und sie waren sehr mitfühlend.

Swan Lake war auch der Name des Dorfes. Ich ging abends oft aus, aber es war sehr ruhig in dieser Jahreszeit. Es gab eine kleine Imbißstube, die einem Franzosen gehörte. Er war begeistert, daß ich so gut französisch sprach und fragte mich, ob ich nicht während der Saison für ihn arbeiten wolle. Ich sagte ihm, ich wolle es mir überlegen.

Während dieser Zeit dachte ich dauernd an Eliane, das Mädchen, das ich in Paris zurückgelassen hatte. Ich vermißte sie sehr. Ich schrieb ihr oft und brachte in meinen Briefen meine Liebe zur ihr zum Ausdruck. Ihre Briefe waren auch voller Gefühle, und ich merkte, daß sie mich ebenso vermißte wie ich sie. Doch wir machten keine Pläne, weil meine Zukunft noch vage und unsicher war. Ich wollte zuerst genug Geld sparen und dann herausfinden, was ich tun mußte, um sie nach Amerika zu holen. In Paris rieten ihr ihre Familie und ihre Bekannten, sich nicht so eng an mich zu binden. Sie meinten es gut, denn sie fürchteten, ich würde Eliane früher oder später vergessen, und dann würde sie sehr verletzt sein.

Meine Mutter schrieb auch oft. Sie unternahm die notwendigen Schritte, um uns nachzukommen. Die US-Einwanderungsbehörde hatte ja schließlich ihre Akte schon seit Jahren.

Ende Mai begann die Feriensaison. Ich arbeitete als Geschirrspüler in der riesigen Küche des Hotels Swan Lake. Die Kellner und Aushilfskräfte waren meistens Studenten, die für ihre Collegegebühren sparten. Die Küchenangestellten waren, abgesehen von den festangestellten Köchen, hauptsächlich Aushilfskräfte. Wir arbeiteten zu viert an der Geschirrspülmaschine. Die anderen waren ältere Männer, die nicht sehr zuverlässig waren. Am Wochenende, wenn sie ihren Lohn bekamen, betranken sie sich und kehrten oft nicht zur Arbeit zurück. Deshalb war die Fluktuation unter den Arbeitskräften sehr hoch. Ich war der verläßlichste von allen und wurde nach einer Weile bekannt als der französisch und deutsch sprechende Geschirrspüler.

An der Vorderseite der Spülmaschine war ein freier Platz, wo alle Aushilfskräfte ihre Tabletts mit dem benutzten Geschirr hinstellten. Nach kurzer Zeit bildete sich dort ein Berg von gestapeltem Geschirr. Zwei Leute sortierten die Teile und stellten sie auf ein Fließband. Am anderen Ende der Maschine nahmen zwei Leute das saubere Geschirr in

Empfang und stellten es auf Wagen, von denen es in große Regale geräumt wurde. Für jede Mahlzeit wurden sechzehn verschiedene Sorten Geschirr benötigt. Bei tausend Gästen pro Tag, die in zwei Schichten aßen, kann man sich leicht vorstellen, was für eine Arbeit wir und unsere Maschine zu bewältigen hatten. Und dazu kamen noch die Gläser! Sie wurden getrennt gewaschen von den zwei Kubanern, mit denen ich mich sofort anfreundete, besonders mit Roberto, der Anfang zwanzig war und gut aussah. Er hatte von Zeit zu Zeit epileptische Anfälle. Als ich das zum ersten Mal sah, erschrak ich sehr. Bald merkte ich aber, daß er die Anfälle meistens vortäuschte, besonders wenn sich die zu waschenden Gläser zu Bergen stapelten.

Wir hatten eine schöne Zeit zusammen.

Der Schwiegersohn des Hotelbesitzers trieb sich dauernd in der Küche herum und paßte auf, daß alle ihre Arbeit richtig machten. Ich merkte aber bald, daß er ein netter Mensch war und die Angestellten anständig behandelte.

An unserem System des Geschirrspülens störte mich etwas. Ich hatte eine Idee, wie man die Arbeit mit weniger Leuten bewältigen konnte: Das Geschirr wurde unsortiert auf das Fließband gestellt, wozu man nur einen Mann benötigte. Ich stand am anderen Ende und sortierte das saubere Geschirr aus. Das mußte sehr schnell gehen, aber nach einer Weile konnte ich es wirklich gut, und ich fühlte mich wie ein Klavierspieler, der auf vielen verschiedenen Tasten spielt. Durch das neue System waren wir schneller fertig und hatten für den Rest des Nachmittages frei.

Nach ein paar Tagen rief mich die Hausdame des Hotels in ihr Büro. Sie sagte mir, ich könne, wenn ich wollte, an den Freizeitaktivitäten des Hotels teilnehmen. Dazu gehörten die Benutzung des Schwimmbads und der Besuch der Unterhaltungsabende im Kasino. »Das ist Amerika«, dachte ich und nahm das Angebot an.

Das Hotel hatte ein ausgezeichnetes Unterhaltungsangebot. Ich sah den Sänger Eddie Fisher, der später Elizabeth Taylor heiratete. Ich sah auch Sam Levinson, einen ausgezeichneten Komödianten, und vor allem sah ich zu meiner Freude den berühmten Danny Kaye. Es gab auch eine sehr gute Band, die nach dem Unterhaltungsteil zum Tanz aufspielte.

Ich verdiente also hier mein Geld und konnte mich gleichzeitig amüsieren. Ich fragte mich, ob die Gäste wußten oder sich daran erinnerten, daß wenige Jahre zuvor Millionen Menschen in schrecklichen Lagern in Europa verhungert waren und in den Gaskammern von Auschwitz vernichtet worden waren. Oft wachte ich mitten in der Nacht auf und mußte an diese schrecklichen Dinge denken.

Eines Tages traf ich eine attraktive Frau am Swimmingpool. Sie hatte eine gute Figur, und als ich in ihrer Nähe auf meinem Handtuch lag, ergab sich ein Gespräch mit ihr. Ich sprach immer noch nicht gut englisch, aber das war kein Problem. Ich wurde verlegen, als sie mich fragte, ob ich ein Gast sei. Wie konnte ich zugeben, daß ich nur ein kleiner Geschirrspüler war? Ich sagte ihr, ich sei zuständig für das Salatbuffet.

Ich merkte, daß sie mich mochte. Sie hatte eine süße siebenjährige Tochter. Natürlich war sie verheiratet. Ihr Mann kam nur an den Wochenenden.

Ich stellte fest, daß ich durch die Unterhaltung mit ihr mein Englisch verbessern konnte. Vielleicht hatte ich außerdem auch noch romantische Gefühle für sie.

Ein paar Tage später, ich war gerade beim Klavierspielen an der Spülmaschine, schrie unser Chefkoch Emil durch die ganze Küche: »Hier möchte jemand Herman, den Salatmann, sprechen!« Es war meine Bekannte, und während sie sich mit Emil näherte, wäre ich am liebsten in den Erdboden versunken. Zu meiner Überraschung war sie mir aber nicht böse wegen meiner Hochstapelei; im Gegenteil: Sie war nach diesem Vorfall sogar noch netter zu mir.

Unser Bäcker war auch Deutscher, aber er war im Gegensatz zu Emil unfreundlich und griesgrämig. Deshalb hielt ich mich von ihm fern. Doch er hatte einen Gehilfen, mit dem ich mich bald anfreundete. Es war ein junger russischer Jude, der nur russisch und jiddisch sprach. Ich hatte in Antwerpen jiddisch gelernt, das konnte ich jetzt gut gebrauchen. Der Russe erzählte mir alles über sein Leben und seine Probleme.

Nachdem Deutschland in Rußland eingefallen war, entging er den »Einsatzgruppen« der Nazis. Dies waren spezielle SS-Einheiten mit dem Auftrag, die jüdische Bevölkerung zu töten. Sie operierten hinter der vorrückenden deutschen Armee.

Mein russischer Freund entging einem unbeschreiblich grausamen Todesurteil. Er wurde mit seiner ganzen Familie und anderen Opfern in einen Zug verladen. Dann fuhren die Viehwaggons sechs Tage und Nächte einfach nur hin und her, bis die meisten in der Hitze durch Hunger und Durst umgekommen waren. Seine Eltern, Brüder und Schwestern waren alle tot. Er selbst kam mit dem Leben davon und schloß sich den russischen Partisanen an. Er kämpfte im Untergrund, bis die deutsche Armee besiegt war.

Oft saßen abends die Studenten, die in dem Hotel arbeiteten, um ihn herum auf der Erde und hörten ihm zu, wie er auf der Mandoline spielte und mit seiner tiefen Stimme russische Lieder sang. Eines meiner Lieblingslieder war die Partisanenhymne »Sag niemals«, die von dem jungen Dichter Hirsh Glick geschrieben worden war:

Ist das die letzte Stunde für dich, sag,
Da bleierner Himmel verdeckt den blauen Tag?
Die Stunde, nach der wir uns sehnten, ist nah,
Unser Schritt schlägt den Takt: wir sind da.

Von südlichen Palmen, von Ländern, weiß mit Schnee,
Kommen wir mit unserem Schmerz und unserem Weh,
Wo immer unser Blut in die Erde floß,
War unser Mut und unsere Stärke groß.

Uns wird die Sonne morgen wie neugeboren sehn,
Die Feinde und das Gestern werden untergehen,
Doch will der neue Tag die Freiheit uns nicht bringen,
Dann müssen unsere Kinder dieses Lied noch einmal singen.

Dies Lied ist mit Blut geschrieben, nicht mit Blei,
Es handelt nicht von Vögeln, unbeschwert und frei,
Es ist von Menschen, die noch zwischen Trümmern singen:
Ihr Lied der Freiheit kann kein Feind bezwingen!

Yuri hatte keine Erfahrung im Backen, abgesehen davon, daß er den Partisanen beim Brotbacken geholfen hatte. Doch als er sich um eine Arbeitsstelle bewarb, behauptete er, ein erfahrener Bäcker zu sein. Deshalb war der deutsche Bäcker auch nicht gut auf ihn zu sprechen. Der einzige Grund für Yuris Einstellung war gewesen, daß er reiche Verwandte in Amerika hatte, die mit dem Hotelbesitzer befreundet waren. Er sagte mir oft, eines Tages werde er den deutschen Bäcker umbringen.

Um eine Lohnerhöhung zu bekommen, ging er zum Hotelmanager und sagte: »Schauen Sie, ich bin im Krieg der deutschen Armee entkommen; ich kämpfte im russischen Untergrund; ich kämpfte, um nach Amerika zu kommen, und jetzt muß ich darum kämpfen, etwas mehr Geld zu bekommen. Ist das nicht lächerlich?« Er bekam seine Erhöhung.

Ich selbst wurde nach einiger Zeit in den Speiseraum versetzt, was einer Beförderung gleichkam, denn jetzt profitierte ich von den zum Teil großzügigen Trinkgeldern.

Abends gab es immer eine Menge zu tun. Jedes Hotel hatte ein Basketballteam, und es gab aufregende Spiele zu sehen. Die meisten Spieler spielten an Universitäten oder in der professionellen NBA-Liga. Das Hotel Stevensville hatte einen Spieler, der »Mr. Basketball« genannt wurde. Ich hörte, er sei der beste Spieler in den USA. Sein Name war George Mikan, und er spielte den Center für die Lakers in der NBA-Liga.

Die Wochen gingen vorbei, und nach dem Labor-Day endete die Feriensaison. Die meisten Kellner und sonstigen Angestellten wurden entlassen. Die Studenten gingen zurück zur Universität.

Ich beschloß, nach New York zurückzukehren. Ich hatte etwa 650 Dollar verdient, und ich fühlte mich so reich wie ein Millionär.

In New York fand ich eine Arbeit in einer Handtaschenfabrik, direkt an der 34. Straße, gegenüber vom Empire State Building. Ich mußte den ganzen Tag Lederstücke zusammenkleben. Nach einer Weile fand ich das langweilig. Da ich nicht in der Gewerkschaft war, durfte ich nichts Anspruchsvolleres machen. Ich war frustriert, denn in Paris hatte ich gelernt, Handtaschen zu entwerfen.

Einige Arbeiter verdienten fünfmal so viel wie ich, obwohl ich qualifizierter war als sie. Trotzdem war es ein interessanter Arbeitsplatz.

Die beiden Besitzer waren Einwanderer aus Österreich, deren amerikanischer Traum in Erfüllung gegangen war. Sie beschäftigten über 300 Leute. Ich mochte sie, weil sie sich nicht arrogant verhielten. Einer von ihnen sprach nur wenig Englisch, und er fragte abends immer, ob ihn jemand mitnehmen könne.

Auch unter den Arbeitern waren interessante Leute. Viele von ihnen waren Einwanderer aus Europa, und unter diesen gab es mehrere Überlebende von Auschwitz.

Einer von diesen war ein alter Mann von etwa siebzig Jahren. Seine Aufgabe war es, die Öffnungen für die Reißverschlüsse zu schneiden. Er zeigte mir oft Bilder von sich selbst vor 1933. Damals hatte er ein großes Auto mit Chauffeur und viele Diener. Er hatte in einem Schloß gewohnt, und seine Frau war eine berühmte Ballettänzerin gewesen. Jetzt verdiente er etwas mehr als einen Dollar in der Stunde.

Einer der Lederschneider war früher Rechtsanwalt gewesen. Er hieß Felix Huber und hatte drei

Jahre in Auschwitz verbracht. Dann war er nach Theresienstadt gekommen, wo er seine Frau kennenlernte.

Theresienstadt war ein Lager, das die Deutschen zu Demonstrationszwecken für ausländische Besucher errichtet hatten. Die Bedingungen dort waren nicht so schlimm wie in Auschwitz: Nur etwa ein Viertel der Häftlinge starb am Ende! Unglücklicherweise wurden die meisten Häftlinge in eines der Todeslager verlegt.

Unser Vorarbeiter Kurt Schiller war auch Einwanderer, aber er war schon 1936 in die USA gekommen. Er war nur 1,60 m groß, sehr schlank und hatte eine hohe, schrille Stimme. Er war immer höflich und respektvoll zu den Arbeitern. Er plante und organisierte den Arbeitsablauf von fast 300 Männern und Frauen. Er war immer gut gelaunt und setzte sich beim Mittagessen immer zu uns.

Ein Sohn von einem der Eigentümer, der einige Jahre älter war als ich, übernahm mit der Zeit mehr Verantwortung in der Leitung der Firma. Seine Aufgaben waren der Nachschub und die Verladung der Waren. Er sprach viel mit mir, und nach einiger Zeit wurden wir Freunde. Wir trafen uns nach der Arbeit, und im Winter gingen wir am Wochenende zusammen Ski fahren. Er bat mich oft, abends länger zu bleiben und ihm bei der Vorbereitung der Ladungen zu helfen. Der Extralohn war natürlich wichtig für mich, da ich doch so viel wie möglich sparen wollte. Mir war klar, daß ich Geld brauchte, wenn ich Eliane je wiedersehen wollte.

Ich bemerkte, daß Felix nicht mehr so freundlich zu mir war wie vorher. Ich wußte nicht, was mit ihm los war, deshalb fragte ich ihn eines Tages ganz offen nach dem Grund seines Verhaltens. Er sagte mir, er finde es nicht gut, daß ich so viele Überstunden mache. Er halte das für unfair.

Vielleicht hatte er recht, aber ich wußte auch, daß er dreimal so viel verdiente wie ich. Ich sagte zu ihm: »Felix, du hast mir einmal erzählt, daß du in Auschwitz elf Mal nackt zum Appell antreten mußtest. Es war früh am Morgen und oft eiskalt. Zwei SS-Leute zeigten auf mehrere der zitternden Gestalten und schrien: ›Du, du und du, vortreten!‹ Diese Häftlinge wurden sofort in die Gaskammer geschickt. Elf Mal haben sie nicht auf dich gezeigt. Elf Mal!« wiederholte ich. »Und jetzt bist du besorgt wegen ein paar Überstunden.«

Nach diesem Gespräch änderte sich seine Haltung mir gegenüber. Ich erzählte meinem Freund Willie von diesem Gespräch, und der bat dann auch Felix, Überstunden zu machen.

Die Monate gingen vorbei, und ich war jetzt 24 Jahre alt. Eliane und ich waren schon seit über einem Jahr voneinander getrennt. Wir schrieben einander immer noch viele Briefe. Einmal schickte sie mir sogar ein Liebesgedicht.

Ich war traurig, als ihre Schwester mir schrieb, Eliane sei krank. Ich war sehr besorgt und wurde ganz deprimiert, weil ich nichts tun konnte. Das Geld, das ich verdiente, reichte nicht aus für die notwendigen Papiere, die Eliane brauchte, um ein Einwanderungsvisum zu bekommen.

Obwohl ich so große Sehnsucht nach Eliane hatte, halfen mir meine Neigung zum Sport und zum Kino, meine Gedanken ein wenig von meinem Trennungsschmerz abzulenken. Damals brachte Hollywood einen wunderbaren Film nach dem anderen heraus. Die Kinos an der 42. Straße zeigten oft zwei große Filme in einem Programm, und so nahm ich oft die Gelegenheit wahr, meine traurigen Gedanken in dieser Traumwelt zu vergessen.

In Frankreich hatte ich schon immer mit Begeisterung die Berichte über amerikanische Sportler verfolgt. Besonders gut war ich über Leichtathletik und Schwimmen informiert. Wahrscheinlich hätte ich bei Quizshows, die sich mit diesen Themen befaßten, den großen Gewinn machen können. *Eine* Sportart aber war für mich vollständig rätselhaft und ausgesprochen stupid. Wieso gingen die Amerikaner massenhaft in die Stadien, um sich, wie ich glaubte, diesen unsinnigen Baseball-Sport begeistert anzuschauen? War da doch etwas, was mir entging?

Um meiner Neugierde gerecht zu werden, entschloß ich mich an einem Sonntag, zu einem großen Baseballspiel im Yankee Stadium in der Bronx zu gehen. Es war ein wichtiges Spiel, und dort hatte ich ein unvergeßliches Erlebnis, das ich an dieser Stelle kurz erzählen möchte. Ich befand mich inmitten von 65 000 Zuschauern, und um mich herum herrschte große Aufregung. Die New York Yankees spielten gegen die Cleveland Indians.

Ich setzte mich auf meinem Platz. Erwachsene Männer in komischen Uniformen liefen auf dem riesigen Spielfeld hin und her. Ein Mann stand auf einen kleinen Erdhügel mitten auf einem dreieckingen Umriß. Er hantierte fortwährend an seinem Trikot herum, schüttelte seinen Kopf nach oben und unten oder seitwärts. Gleichzeitig kaute er heftig an einem Stück Tabak in seinem Mund. An der Spitze des Dreiecks hielt ein Gegner einen großen Stock in der Hand. Der Mann in der Mitte warf jetzt einen kleinen weißen Lederball mit aller Kraft zu dem Mann mit dem Stock, den dieser zu schlagen versuchte. Hinter dem Schläger kniete ein Mann mit einem Schutzhelm, der sein Gesicht versteckte. Man nannte ihn den »Catcher«. Ein Schiedsrichter im schwarzen Anzug schrie dann »Strike« oder »Ball«, je nachdem, ob der Schläger den Ball getroffen hatte oder nicht. Eigentlich passierte nicht viel. Ich war verwirrt und gelangweilt. Wie konnten Menschen ihre Zeit damit verbringen, einem derart albernen Sport zuzuschauen? Glücklicherweise hatte ich eine Zeitung mitgebracht und fing an zu lesen. Ich merkte, daß einige Zuschauer aus diesem Grund gereizt und verärgert über mich waren. Dies kümmerte mich aber wenig.

Plötzlich lief ein erwartungvolles Gemurmel durch die Zuschauer in meiner Nähe. Ich hob den Kopf von meiner Zeitung und sah, wie ein Spieler drei Schläger überprüfte. Schließlich nahm er einen der Schläger und ging langsam zu dem »Plate«, direkt vor dem »Catcher«. Er stellte sich in Position und fing an, den Schläger leicht zu schwingen. Dann schaute er konzentriert in Richtung des Werfers. Es war der berühmte Baseball-Star Al Rosen. Plötzlich herrschte absolute Ruhe im Stadion. Al Rosen und der Werfer schienen sich eine Ewigkeit gegenseitig zu beobachten. Der »Pitcher« machte jetzt einige Bewegungen und der kleine, harte Baseball schoß wie ein Blitz aus seiner Hand, so daß ich den Ball kaum sah. Anscheinend sah Al Rosen ihn auch nicht, denn er verfehlte ihn. »Strike one«, schrie der Mann in Schwarz.

Wieder standen sich die zwei Gegner gegenüber. Wieder schoß der Ball wie ein Blitz aus der Hand des Werfers, aber diesmal bewegte sich Al nicht und ließ den Ball an sich vorbei ziehen, so daß er in den Händen des »Catchers« landete. Der Mann in Schwarz schrie, »Ball one«. Und noch einmal dieselbe Prozedur. Meine Zeitung lag vor mir auf dem Boden. Ich konzentrierte mich jetzt mit allen Zuschauern. Die Spannung war so groß, daß ich Angst hatte zu atmen. Al verfehlte wieder den Ball. Das Stadion war nun vollständig ruhig. Nochmals »strike« and Al Rosen wäre »out«. Die beiden Gegner schauten sich an. Der Werfer machte jetzt langsam seine Bewegungen und dann kam der Ball aus seiner Hand geschossen. Diesmal war Al vorbereitet. Der Ball krachte gegen seinen Schläger und erhob sich in den blauen Himmel, höher und höher. Alle im Stadion sprangen auf, ich auch. Das Tosen der Menschenmenge erfüllte meine Ohren. Wie jeder um mich herum stand auch ich da und hob beide Arme in die Höhe. Plötzlich verspürte ich einen dumpfen Schlag gegen die Innenfläche meiner Hand. In meiner Hand lag der kleine harte Ball. Ja, bei meinem ersten Baseballspiel in Amerika hatte ich einen Homerun-Ball gefangen, geschlagen von dem Superstar Al Rosen. Die meisten Amerikaner träumen jahrelang von einem solchen Erlebnis.

Um mich herum gratulierte man mir. »Nach dem Spiel wird Al Rosen dir den Ball unterzeichnen«, sagte man mir. Er tat dies auch. Ich verließ mit meiner Trophäe das Stadion. Der Wert war mir damals noch nicht bewußt. Ein Amerikaner sagte mir kürzlich, daß dieser Ball heute einen Wert von mindestens 5000 Dollar hätte. Leichtsinnigerweise gab ich den unterschriebenen Ball meinem kleinen Neffen Martin. Meine vier Kinder vergeben mir das heute noch nicht. Unnötig zu sagen, daß ich nach diesem Ereignis begeistert für diesen Sport war.

Eines Tages erzählte ich unserem Vorarbeiter Kurt Schiller von meinem Traum, Eliane nach Amerika kommen zu lassen und hoffte, daß er mir mit einer Bürgschaft helfen könnte. Er nahm sofort sein Notizbuch und schrieb sich alle wichtigen Informationen über Eliane und mich auf.

Keine zwei Wochen später kam er mit gewichtig aussehenden Dokumenten zur Arbeit, die von ihm und einem Notar unterschrieben waren. Darin garantierte er, daß er die finanzielle Verantwortung für Eliane übernehmen würde, wenn ich nicht für sie sorgen könnte. Dann vereinbarte er einen Termin für mich bei seinem Rechtsanwalt. Dieser empfahl mir, einen Brief an das Außenministerium zu schreiben. Obwohl mein Englisch nicht sehr gut war, schrieb ich einen Brief, in dem ich um ein Visum für Eliane bat, da ich sie sehr liebe und wir für den Rest unseres Lebens zusammenbleiben wollten.

Mein Bruder und ich hatten fünfzehn Jahre auf unsere Visa gewartet. Eliane bekam ihres in fünf Wochen!

Das amerikanische Konsulat in Paris schrieb ihr, sie solle ihr Einwanderungsvisum abholen. Es kam für sie vollkommen überraschend. Ihr Vater ging mit ihr, und bald hatte sie die Papiere, um zu mir nach New York zu kommen. Durch diese Aussicht wurde ihre Gesundheit im Nu wiederhergestellt.

Mit meinem gesparten Geld kaufte ich ihr ein Ticket für das Passagierschiff »France«. Sie war erst neunzehn Jahre alt und noch nie allein irgendwo hingefahren. Ihre Familie muß großes Vertrauen in mich gehabt haben!

Nach vielen Abschiedstränen brachte ihr Vater sie zum Hafen »Le Havre« und begleitete sie zu ihrer Kabine.

Wenn ich zurückblicke, erinnere ich mich an gemischte Gefühle, denn ich hatte etwas Angst. Liebten wir uns überhaupt noch nach über einem Jahr der Trennung? Würde sie mich noch lieben, würde es ihr in New York gefallen, oder würde sie Heimweh bekommen?

Meine Verwandten in Brooklyn wußten noch nichts von Elianes Ankunft, und, was noch schlimmer war, auch meine Mutter, die ich bald wiedersehen würde, wußte noch nichts. All dies ging mir durch den Kopf und beunruhigte mich.

In dem Augenblick, in dem ich Eliane vom Schiff auf mich zukommen sah mit ihrem süßen kleinen Hut mit einer Feder und einem Lächeln voller Liebe, wußte ich, daß ich das Richtige getan hatte.

Eliane und ich werden Kurt Schiller nie vergessen, was er für uns getan hat. Es war der Anfang eines neuen Lebens für uns, und ich war der glücklichste Mensch der Welt.

Die folgenden Wochen waren wie ein Traum, der Wirklichkeit geworden ist. Eliane war von ihrer neuen Umgebung überwältigt. Ich zeigte ihr den Broadway mit all den Theatern, Kinos und Lichtreklamen. Wir standen vor dem Empire State Building und den anderen berühmten Wolkenkratzern, die

Mit Eliane 1952 in New York

Eliane voller Ehrfurcht anstarrte. Als wir uns alles angeschaut hatten, gingen wir in ein Howard-Johnson-Restaurant und bestellten uns riesige Eisbecher.

Ich hatte ein großes möbliertes Zimmer für Eliane in der Fort Washington Avenue nahe der 154. Straße gemietet. Die Vermieterin war nett und freundlich, aber sie erlaubte mir nicht, über Nacht zu bleiben. So mußte ich jeden Abend in das Zimmer in Brooklyn zurückkehren, das ich mit Julius teilte. Das bedeutete jedes Mal eine Stunde Fahrt mit der U-Bahn.

Eliane wagte es nicht, ihr Zimmer zu verlassen, bis ich abends von der Arbeit zu ihr kam. Sie verbrachte den ganzen Tag damit, gutes, schmackhaftes Essen vorzubereiten, das wir dann abends zusammen genossen.

Eines Tages kam Julius mit der Nachricht, Eliane könne in seinem Betrieb anfangen zu arbeiten. Er mochte Eliane und sagte mir, Eliane nach New York kommen zu lassen, sei die beste Idee gewesen, die ich je gehabt habe.

Die ersten Wochen waren einfach wundervoll.

Dann brach der Koreakrieg aus. Amerikanische Soldaten wurden in den Fernen Osten geschickt. Jeden Tag berichteten die Zeitungen in großen Schlagzeilen über die Kämpfe in Korea, in denen amerikanische Soldaten getötet wurden.

Obwohl mein Englisch langsam besser wurde, konnte ich mit den Schlagzeilen »Einzugsbefehl« und »19-25, Unverheiratete« nichts anfangen. Ich fragte Felix bei der Arbeit und erfuhr, daß alle unverheirateten Männer zwischen 19 und 25 Jahren in die Armee eingezogen werden sollten. Ich war total schockiert. Ich fühlte mich, als hätte ich soeben mein Todesurteil erfahren. Ich sah mich schon in Korea sterben.

Eliane geriet nicht so schnell in Panik. Sie sagte mit einem boshaften Lächeln: »Ich glaube, du mußt mich heiraten.«

Am nächsten Morgen meldeten wir uns beide krank, ich holte sie ab, und wir fuhren mit der U-Bahn zusammen zum Rathaus. Die Heiratsurkunde kostete uns zwei Dollar. Elianes Vermieterin kannte den Rabbi, der ein paar Häuser weiter in derselben Straße wohnte.

Zwei Tage später wurden wir in der Wohnung des Rabbi getraut. Es war der 24. Juli 1950. Julius und Kurt Schiller waren unsere Trauzeugen. Es geschah alles so schnell, daß wir keine Zeit hatten, jemanden einzuladen. Wir feierten keine große Hochzeit, und die Braut trug kein weißes Kleid. Ich glaube, ich spreche auch für Eliane, wenn ich sage, wir bedauern es nicht. Wir sind seit 46 Jahren glücklich verheiratet. Außerdem war ich froh, daß ich nicht mehr zwischen den Wohnungen hin- und herpendeln mußte.

Im folgenden Jahr sollte meine Mutter nach New York kommen. Sie wußte noch nichts von meiner Heirat, und ich hatte Angst, es ihr zu sagen. Auch meine Verwandten in Brooklyn wußten von nichts.

Kurz vor ihrer Abreise traf meine Mutter einen Freund von mir in der Züricher Bahnhofstraße. Sie erzählte uns später, sie sei fast in Ohnmacht gefallen, als mein Freund beiläufig sagte: »Ihr Sohn Herman hat also geheiratet?«

Wir mußten uns nach einer gemeinsamen Wohnung umschauen. Wir fanden eine schöne Zweizimmerwohnung in der 148. Straße in der Nähe vom Riverside Drive. Wir hatten eine sehr schöne Aussicht auf den Hudson River. Auf der anderen Seite des Flusses lag New Jersey.

In der Zwischenzeit verließ Julius New York und ging nach Kalifornien. Ein Freund hatte ihm geschrieben, das Leben dort biete eine Menge Möglichkeiten, und da ihn nichts in New York hielt, packte er seine Sachen und brach auf.

Ich fühlte mich nicht so recht wohl in meiner Haut, weil der Zeitpunkt näherrückte, an dem meine Mutter in New York eintreffen sollte. Als sie uns schrieb, sie werde am 19. November 1951 ankommen, wußte ich, daß mein Leben nicht mehr wie vorher sein würde. Je näher der Tag der Ankunft kam, desto nervöser und gereizter wurden Eliane und ich. Würde meine Mutter Eliane akzeptieren?

Dann war es soweit. Wir gingen zum Hafen und beobachteten fast zwei Stunden lang die Menschen beim Verlassen des Schiffes. Aber meine Mutter war nicht dabei. Ich erkundigte mich bei der Schiffsverwaltung und fand heraus, daß sie für diese Reise nicht angemeldet war. Wir waren enttäuscht und besorgt.

Zu Hause fanden wir einen Brief von Paula, in dem sie uns mitteilte, meine Mutter sei schon vor zwei Tagen angekommen und wohne bei ihr in Brooklyn. Sie lud uns für den folgenden Abend zu einem kleinen Empfang zu Ehren meiner Mutter ein. Alle unsere Verwandten und Freunde waren ebenfalls eingeladen.

Eliane und ich werden nie unsere Gefühle vergessen, als wir die Stufen zu Paulas Wohnung hinaufstiegen. Wir waren beide sehr nervös, und besonders Eliane war etwas ängstlich bei dem Gedanken, all diesen fremden Menschen vorgestellt zu werden und natürlich besonders meiner Mutter. Ich konnte es ihr nachfühlen.

Paula öffnete uns die Tür, und meine Mutter stand mit den anderen direkt hinter ihr. Zu meinem Erstaunen gab es überhaupt keine Schwierigkeiten. Unsere Befürchtungen erwiesen sich als vollkommen unbegründet. Meine Mutter nahm Eliane spontan in die Arme, und da wußte ich, daß alles gut werden würde.

Ich muß sagen, daß es in den vier Jahren, in denen meine Mutter bei uns wohnte, keinen einzigen Streit zwischen ihr und Eliane gegeben hat. Wenn irgend jemand Mias Platz in ihrem Herzen einnehmen konnte, dann war es Eliane. Meine Mutter fühlte sich immer wohl bei uns.

Inzwischen kam Julius einige Male zu Besuch, und obwohl es ihm in Kalifornien gefiel, hatte er vor, wieder nach New York zurückzukehren. Er hatte ein Mädchen in Sun Valley kennengelernt, wo er als Skilehrer arbeitete. Marilyn kam aus New York und wollte zurück zu ihrer Familie. Ihr Vater besaß mehrere Bäckereien und wollte Julius an der Leitung des Unternehmens beteiligen.

Diesmal gab es eine große Hochzeit. Marilyn trug ein schönes weißes Kleid und sah großartig aus.

Ich arbeitete weiterhin in der Handtaschenfabrik, und obwohl ich jetzt mehr Geld verdiente, war ich nicht so recht zufrieden. Ich besuchte zwei Mal die Woche einen Designkurs, um mit dem amerikanischen Markt vertraut zu werden. In Paris galten Handtaschendesigner als Künstler, während man in New York den Schwerpunkt auf kostengünstige Herstellung und Vermarktung legte. Der Kurs machte mir Spaß, und ich traf einige nette Kollegen.

Der Koreakrieg war inzwischen eskaliert, aber obwohl jetzt auch verheiratete Männer eingezogen wurden, machte ich mir nicht allzu viele Sorgen. Ich war jetzt 26 Jahre und hatte somit das Einberufungsalter überschritten. Aber ich sollte mich täuschen.

An einem heißen Sommertag fanden wir, als wir vom Strand zurückkamen, einen Brief von der amerikanischen Regierung im Briefkasten. Zuerst machte ich mir keine großen Gedanken darüber, doch dann dämmerte mir die Wahrheit: die Regierung wollte mich für die Armee.

Um es kurz zu machen, nach einem Aufschub von sechs Monaten und nachdem man mir geraten hatte, die Regierung zu verklagen – meine Aussichten zu gewinnen seien nämlich ausgezeichnet –, wurde ich am 24. Juni 1953 in die Armee eingezogen. Warum ging ich nicht vor Gericht? Weil die einfache Tatsache, daß mir diese Möglichkeit offenstand, mir wieder bewußt machte, welches Glück ich hatte, in einem freien Land wie Amerika zu leben. Tatsächlich wurde mir von der Einberufungsbehörde offiziell mitgeteilt, da ich kein amerikanischer Staatsbürger sei, könne ich der Einberufung widersprechen.

In der Armee war es anfangs schlimmer als erwartet. Als ich meine Grundausbildung in Fort Dix begann, rechnete ich zwar damit, früh am Morgen geweckt zu werden, doch ich hätte nie gedacht, daß wir nachts um zwei Uhr in Reih und Glied antreten mußten. Was immer wir taten, wir mußten es im Laufschritt tun. Offensichtlich wollte man uns einer Schocktherapie unterziehen, um aus Zivilisten gute Soldaten zu machen

Am Ende der ersten Woche gab es abends eine GI-Party. Ich war überrascht und schockiert, als sich herausstellte, daß damit das Säubern und Schrubben der Kaserne gemeint war. Aber ich wußte mir zu helfen. Die jüdischen Soldaten durften am Freitagabend den Gottesdienst besuchen. Ich wurde in der Armee plötzlich religiös. Ich nutzte alle jüdischen und christlichen Feiertage aus.

Unsere Ausbildung dauerte oft bis zum späten Abend. Wenn wir von den militärischen Übungen zurückkamen, war der Tag noch nicht beendet. Dann mußten wir unsere Waffen reinigen und unsere Zimmer für die morgendliche Inspektion herrichten.

Nach einiger Zeit mußte ich zum ersten Mal Wache halten. Ich dachte, die Nachtwache sei Routinesache, aber es sollte anders kommen. Während ich nachts um halb drei zwischen den Gebäuden der Kaserne patrouillierte, das Gewehr mit dem Bajonett über der Schulter, hatte ich viel Zeit, über meine Situation nachzudenken. Ich war dem Horror des Holocaust entgangen und mußte mir jetzt anhören, wie uns unser Sergeant sagte: »Glaubt nicht, daß ihr nach zwei Jahren nach Hause kommt, denn bis dahin werden wir im Krieg mit China sein.« Schöne Aussichten! Dann dachte ich an die furchterregenden Bajonettübungen. Wir mußten mit lautem Gebrüll angreifen, um den Feind einzuschüchtern.

Plötzlich wurde ich durch echtes Geschrei in die Wirklichkeit zurückgeholt. Etwa 100 Meter von mir entfernt war etwas im Gange. »Wache! Wache!« schrie jemand. Ich nahm jetzt mein Gewehr in beide Hände, und während ich mich dem Geschrei näherte, lief ich instinktiv schneller. Bald sah ich mich mit einer gefährlichen Situation konfrontiert: Einige Soldaten in Unterhemden hatten einen Kreis um zwei Männer gebildet. Einer von diesen versuchte, mit seinem scharfen Bajonett auf den anderen einzustechen. Ich rief: »Laß die Waffe fallen oder ich schieße!« Der Soldat mit dem Bajonett drehte sich nach mir um und bedrohte jetzt mich. Dabei schrie er fortwährend »Schieß doch! Schieß doch!«

Die Situation begann kritisch für mich zu werden. Glücklicherweise kam mir ein junger Offizier zu Hilfe, der dem verrückten Soldaten sein Bajonett an die Kehle hielt. Einige der Soldaten sagten mir später, ich hätte genau das Richtige getan. Sie wußten nicht, welche Angst ich die ganze Zeit hatte. Das war der Anfang meiner Karriere in der Armee.

Allmählich veränderte sich meine Einstellung zum Wehrdienst. Ich dachte mir, zwei Jahre würden schnell vorbeigehen, und ein Krieg mit China sei eher unwahrscheinlich. Trotzdem stimmte etwas nicht mit mir. Ich hatte Alpträume, in denen mich die Gestapo verfolgte und ich zu entkommen versuchte.

Eines Nachts erschreckte ich meine Kameraden, als ich anfing zu schreien und mich auf sie stürzte. Die Armee nahm diesen Vorfall sehr ernst und schickte mich in psychologische Behandlung. Ich mußte regelmäßig an einer Gruppentherapie teilnehmen, was mir immerhin einen Teil des harten militärischen Drills ersparte. Ich glaube, wenn ich es gewünscht hätte, hätten sie mich aus der Armee entlassen. Doch seltsamerweise hatte ich zum ersten Mal in meinem Leben das Gefühl dazuzugehören, außerdem wollte ich mein neu erworbenes Heimatland nicht im Stich lassen. Dabei hatte ich noch nicht einmal die amerikanische Staatsbürgerschaft.

Nach neun Wochen durfte Eliane mich zum ersten Mal besuchen. Wir verbrachten ein paar glückliche Stunden miteinander.

Nach zwölf Wochen war meine Grundausbildung beendet. Ich war glücklich, als ich mich in dem Büro meldete, wo über meinen weiteren Einsatz entschieden wurde. Ich wurde beauftragt, Sprachtests für Soldaten mit Fremdsprachenkenntnissen zu machen. Wir waren zu dritt bei dieser Aufgabe. Meine Kameraden waren Sergeanten, die mehr Erfahrung hatten als ich, weil sie ständig für diese Arbeit eingeteilt waren. Mir gefiel meine neue Arbeit überaus gut. Sie war sehr interessant, außerdem hatte ich nicht mehr so viele Stunden Dienst. Ab 3 Uhr nachmittags hatte ich frei. Wenn die Sprachtests beendet waren, mußten wir den Soldaten Fragen stellen, um Informationen zu ihrer Person zu bekommen. Diese wurden in ihre 201-Akte eingetragen.

Wir bestimmten jeden Tag zwei Soldaten, die die Testräume putzen mußten. Ich erinnere mich an einen schlanken, schüchternen jungen Mann, dem all die Veränderungen, die das Leben in der Armee mit sich bringt, noch sehr zu schaffen machten. In seiner Akte stand unter »Hobby«: »Schwimmen, Kapitän des amerikanischen olympischen Schwimmteams,

Weltrekordhalter in mehreren Disziplinen.« Diesen berühmten Athleten kommandierte ich zum Putzen und Schrubben der Unterkünfte! Ich hatte ein interessantes Gespräch mit ihm, und es überraschte ihn, was ich alles über seinen Sport wußte. Selbstverständlich ersparte ich ihm das Putzen.

Wir hatten noch einen anderen berühmten oder vielmehr berüchtigten Rekruten bei unseren Tests.

Es war die Zeit, in der der Senator Joseph McCarthy Amerika mit seiner Jagd auf Kommunisten einschüchterte. Viele Leute, besonders vom Theater und von der Kinoindustrie, standen auf schwarzen Listen und konnten ihren Beruf nicht ausüben. McCarthy hatte zwei junge Assistenten, Roy Cohen und David Shine. Diese beiden waren berüchtigt dafür, daß sie überall in Amerika Leute anklagten und einschüchterten.

Zu dieser Zeit fanden die berühmten Armee-McCarthy-Anhörungen statt. Millionen von Menschen verfolgten diese Anhörungen im Fernsehen. David Shine hatte offensichtlich eine bevorzugte Behandlung von einem General gefordert, und als ihm diese verweigert wurde, klagte McCarthy den General an, ein Kommunist zu sein. Diese Anhörungen waren sensationell und der Anfang vom Ende der McCarthy-Ära. Ein sehr fähiger und mutiger Anwalt der Armee namens Welsh war maßgeblich daran beteiligt, daß der Senator McCarthy schließlich zu Fall gebracht wurde.

David Shine kam nun zu mir zum Fremdsprachentest. Ich erinnerte mich, daß er sehr arrogant war. Wir achteten darauf, daß er nicht zum Putzen eingeteilt wurde. Er hätte uns womöglich vorgeworfen, Kommunisten zu sein.

Die Wochen gingen vorbei, und mir ging es gut bei der Armee. Ich traf Eliane und meine Mutter jedes Wochenende. Mir taten die Soldaten leid, die in den Fernen Osten, d.h. nach Japan oder nach Korea, verlegt wurden.

Ich erfuhr, daß der Kommandeur meiner Einheit mich wegen meiner Sprachkenntnisse in seinem Kommando behalten wollte. Deshalb war ich überrascht, als ich den Befehl erhielt, mich für einen Auslandseinsatz bereitzuhalten. Ich befürchtete schon, man würde mich in den Fernen Osten schicken, doch dann erfuhr ich, daß es nach Deutschland ging. Welche Erleichterung! Ich wäre zwar lieber nach Frankreich gegangen, aber wenigstens kam ich nach Europa, wobei der Gedanke, wieder in das Land meiner Geburt zurückzukehren, aus verständlichen Gründen zwiespältige Gefühle in mir weckte.

Ich mußte mich in Camp Kilmer, New Jersey, einfinden, und schon zwei Tage später war ich auf der *General Taylor*, einem riesigen Militärschiff, das uns nach Bremerhaven bringen sollte.

Wir wurden den ganzen Tag durch Befehle über Lautsprecher hin und her gescheucht. Früh morgens mußten wir an Deck antreten und durften erst gegen Mittag wieder in unsere Kabinen. Es war Winter, wir zitterten jeden Morgen vor Kälte und verfluchten unsere Ausbilder.

Eines Tages kam der Befehl, alle Soldaten mit Kenntnissen in Deutsch und Französisch müßten sich sofort in der Kabine des ersten Kapitäns melden. Außer mir kam nur noch ein ungarischer Soldat. Der Kapitän fragte uns, ob wir den Soldaten Unterricht in Deutsch und Französisch geben könnten. Dieses Angebot konnten wir uns nicht entgehen lassen, denn es bedeutete, daß wir nicht mehr an Deck antreten mußten. Wir hatten unser eigenes Büro und nahmen unsere Mahlzeiten mit den höheren Rängen ein.

Die Überfahrt dauerte zehn Tage, und ich ging mit gemischten Gefühlen an Land. Nach 15 Jahren betrat ich erstmals wieder deutschen Boden, nachdem ich 1938 noch als Kind Deutschland fluchtartig verlassen hatte, als meine Eltern meine Geschwister und mich in den Zug nach Belgien setzten, um uns in Sicherheit zu bringen.

Jetzt kam ich also als GI nach Deutschland zurück, wie übrigens viele deutsche Juden es getan hatten, die nach Amerika emigriert waren.

Ich erinnerte mich an die GIs, die ich 1945 in Lyon gesehen hatte. Wie hatte ich sie bewundert und zu ihnen aufgeblickt! Sie hatten den Krieg gewonnen, und ihnen verdankte ich es, daß ich den Krieg überlebt hatte. Jetzt war ich selbst einer von ihnen.

Unser erstes Ziel war Zweibrücken. Von hier aus wurden wir verschiedenen festen Einheiten in Deutschland und Frankreich zugeteilt. Ich war enttäuscht, weil wir den Stützpunkt nicht verlassen durften. Ich hätte gerne wieder einmal eine deutsche Stadt besucht.

Eines Tages stand ich mit zwei Kameraden im PX (amerikanische Verkaufsstelle) vor einer Schmuckauslage. Ich wollte eine Brosche für Eliane kaufen, weil ihr Geburtstag bevorstand. Die zwei Mädchen hinter der Theke schauten uns an, und dann sagte eine in Deutsch zur anderen: »Schau mal, wie dumm und blöde die sind.« Dann lachten sie über uns. Ich sagte ganz ruhig in perfektem Deutsch, daß ich den Manager des PX sprechen wolle. Die beiden waren schockiert. Ich weiß nicht, ob sie gefeuert wurden, aber ich hoffe, sie erhielten zumindest einen Tadel.

Am nächsten Tag wurden wir unseren Einheiten zugewiesen, und ich wurde gefragt, ob ich irgendwelche speziellen Wünsche hätte. Ich bat darum, in Frankreich stationiert zu werden.

Am späten Nachmittag wurden die Namen der 17 Soldaten über Lautsprecher bekanntgegeben, die nach Frankreich kommen sollten. Alle anderen, die große Mehrheit, wurden verschiedenen Einheiten in Deutschland zugeteilt. Die Namen wurden ausgerufen. Nachdem 15 Namen genannt worden waren, war meiner immer noch nicht dabei. Ich begann zu schwitzen, obwohl es sehr kalt war.

Der letzte Name … Zimmerman, Herman! Endlich! Meine Mütze flog in die Luft, und ich hüpfte vor Freude.

Ich war aus verschiedenen Gründen glücklich. In Frankreich durften auch einfache Soldaten offiziell mit ihrer Familie zusammenleben. In Deutschland hingegen mußte man mindestens ein Korporal mit sieben Dienstjahren sein, um dieses Privileg genießen zu können.

Ich rannte zur Post und schickte Eliane ein Telegramm mit nur einem Wort: »Komm!«

1953, als amerikanischer Soldat

Ich wurde in Rochefort-sur-Mer, nicht weit von Bordeaux entfernt, stationiert.

Heute weiß ich, daß meine Bitte nur deswegen erfüllt wurde, weil ich Jude bin und in Deutschland geboren war.

Der Militärstützpunkt in Rochefort lag mitten in der Stadt. Die Kaserne hatte eine lange Tradition: Dort waren schon Napoleons Soldaten untergebracht. Ich arbeitete im Hauptquartier als Dolmetscher und Übersetzer. Ich mußte die Verträge und die Korrespondenz mit französischen Behörden aus dem Französischen ins Englische übersetzen. Das bereitete mir keine großen Probleme, denn es wiederholten sich immer die gleichen Formulierungen, so daß ich oft Übersetzungen aus früheren Jahren mit kleinen Veränderungen übernehmen konnte.

Die Tatsache, daß ich fließend französisch sprach, war natürlich ein großer Vorteil für mich. Aber ich stellte bald fest, daß ich gut daran tat, meine Sprachkenntnisse vor den Franzosen zu verbergen, wenn ich in Uniform war. Denn die Franzosen konnten sich nicht vorstellen, daß jemand, der so gut französisch sprach wie sie, in der amerikanischen Armee sein konnte. Sie hielten mich dann vielleicht für einen Spion oder für einen Deserteur aus der französischen Armee.

Die meisten unserer Soldaten verbrachten ihre Abende in zwielichtigen Bars, von denen es eine Menge in der Nähe der Kaserne gab. Diese jungen Männer gaben oft unbedacht ihr Geld aus, und viele von ihnen waren schon kurze Zeit nach dem letzten Zahltag wieder pleite. Sie hatten wegen ihres schlechten Benehmens keinen guten Ruf bei der französischen Bevölkerung. Zu Hause hätten sie es nie gewagt, sich so aufzuführen, wie sie es hier, weit weg von ihrer Heimat, glaubten tun zu dürfen.

Ich schrieb Eliane und bat sie, so schnell wie möglich nach Frankreich zu kommen. Als ich sie in Le Havre am Hafen abholte und in meine Arme schloß, fühlte ich wieder, was es bedeutete, glücklich zu sein.

Mit meinem Neffen René, als er zehn Jahre alt war

Die folgenden Monate mit Eliane in Frankreich gehören zur glücklichsten Zeit meines Lebens. Wir mieteten uns eine gemütliche kleine Wohnung und luden oft Freunde zum Essen ein. Sie kamen gern zu uns, denn für sie war es eine willkommene Abwechslung zum langweiligen Leben in der Kaserne.

Oft nahm ich drei Tage Urlaub, und wir fuhren mit Freunden nach Paris. Wir zeigten ihnen das wirkliche Paris, das man als Tourist nicht kennenlernt, das Paris, das von Maurice Chevalier und Edith Piaf besungen worden ist.

Es gab noch einen anderen Grund für mich, öfter nach Paris zu fahren. René, Mias kleiner Sohn, lebte dort. Er war jetzt etwa zehn Jahre alt. Meine Mutter hatte uns geschrieben, daß sie sich seinetwegen Sorgen mache. Wir stellten bald fest, daß ihre Sorgen nicht unbegründet waren. Nicht einmal ein Jahr nach Mias Tod hatte mein Schwager Joe schon wieder geheiratet. Unglücklicherweise lehnte seine neue Frau meinen kleinen Neffen total ab. Es brach uns fast das Herz, als wir herausfanden, daß René von einem Heim ins nächste geschleppt wurde und überall als schwieriger Junge galt. Dabei hätte er nur etwas Liebe von seinen Eltern gebraucht.

Ich bedauere heute sehr, daß meine Mutter, Julius und ich damals nicht darauf bestanden, René zu uns nach Amerika zu holen.

Wenigstens verbrachte er einmal seine Sommerferien bei uns. Er war ein netter Junge, und obwohl wir manchmal alle Hände voll mit ihm zu tun hatten, war es eine Freude, ihn bei uns zu haben. Er war begeistert vom »American way of life« und konnte nie genug Hamburger, Hot Dogs und andere typisch amerikanische Gerichte haben. Andererseits war er sehr patriotisch in bezug auf sein Heimatland Frankreich. Deshalb wollte er auch trotz der ganzen Probleme wieder zurück nach Paris.

Seine Augen begannen zu leuchten, wenn ich ihm erzählte, was für eine besondere und wundervolle Frau seine Mutter war und wieviel sie mir und anderen bedeutet hatte.

Als René nach Paris zurückkehrte, konnte er durch den Kontakt mit unseren amerikanischen Freunden fließend Englisch sprechen. Es war für Eliane und mich ein unvergeßlicher Sommer.

Es gab während meiner Zeit in Frankreich noch ein anderes Anliegen, das mir sehr am Herzen lag. Ich wollte unbedingt noch einmal nach Eauze zurückkehren, wo ich von 1940 bis 1942 fast zwei Jahre gelebt hatte.

Wir kauften uns einen gebrauchten Dodge und verbanden die Reise mit einem Abstecher nach Spanien. Eauze hatte sich in den 13 Jahren seit meinem erzwungenen Abschied nicht viel verändert. Wir wohnten im besten Hotel der Stadt. Der jetzige Besitzer hatte 1942 einen Metzgerladen besessen, und ich erinnerte mich deshalb an ihn, weil er eine Wohnung an Edith Steinfelds Familie vermietet hatte (zur Erinnerung Edith Steinfeld war das Mädchen, mit dem ich damals die ersten Freuden der Liebe erlebt hatte).

Als wir uns in unserem Zimmer eingerichtet hatten, klopfte der Besitzer an unsere Tür und lud uns für den Abend zu einem großen Ereignis ein, das in seinem Hotel stattfinden sollte: Ein prominenter französischer Arzt sollte für seinen heroischen Kampf in der Resistance während der deutschen Okkupation mit der höchsten Ehrenmedaille ausgezeichnet werden, der berühmten »Médaille de la Legion d'Honneur«.

Es handelte sich um niemand anderen als Dr. Vincent, der meiner Mutter damals an dem Morgen im August 1942 die Spritze gegeben hatte; wegen der dadurch einsetzenden Krämpfe konnten die französischen Gendarmen bekanntlich meine Mutter nicht zu dem Transport mitnehmen, der die anderen jüdischen Einwohner von Eauze ins Konzentrationslager brachte. Durch seine mutige Tat hatte Dr. Vincent wahrscheinlich meiner Mutter das Leben gerettet.

Was für ein Zufall, daß er gerade an diesem Abend geehrt wurde!

Nachmittags gingen wir zunächst zu der Schule, die ich damals besucht hatte, und klopften an Monsieur De Veau's Tür. Er öffnete uns selbst, schaute mich an und sagte zu meiner großen Überraschung: »Herman, il y a vingt minutes, j'ai parlé de toi à ma classe, et j'ai montré tes dessins.« (»Vor zwanzig Minuten habe ich meinen Schülern von dir erzählt. Ich zeigte ihnen deine Zeichnungen.«) Monsieur De Veau erzählte mir, die Deportation und das Verschwinden der jüdischen Familien sei das traurigste Ereignis in der Geschichte der Stadt gewesen.

Am selben Abend nahmen wir an Dr. Vincents Ehrung im Hotel teil. Nach der offiziellen Feier erzählte ich von meiner Verbindung mit Eauze. Ich war sofort von Männern und Frauen umgeben, an die ich mich zum Teil noch gut erinnern konnte.

Einige Leute begannen zu weinen. Sie sagten mir, sie könnten es sich nie verzeihen, daß sie damals nicht für uns eingetreten seien, sondern nur zuschauten, wie wir abtransportiert wurden. Sie fühlten sich besonders schuldig, als sie herausfanden, daß die Mehrzahl dieser jüdischen Familien, mit denen sie zum Teil befreundet gewesen waren, in Auschwitz ermordet worden war.

Ich bin dankbar für diese Begegnung mit den Bürgern von Eauze, denn sie zeigte mir, daß man uns nicht vergessen hatte und daß die französische Bevölkerung die schrecklichen Ereignisse doch nicht so gleichgültig hingenommen hatte, wie es zunächst den Anschein hatte.

Nach dieser Reise in die Vergangenheit kehrten wir nach Rochefort zurück, wo die restlichen Monate meiner Militärzeit fast zu schnell vergingen.

Ich möchte noch eine kleine Episode erwähnen als Beispiel für die Mentalität der Franzosen.

Ein amerikanischer Vier-Sterne-General kündigte seinen Besuch an, um unseren Stützpunkt zu besichtigen. Wir verfielen in hektische Betriebsamkeit und strichen alle Wände unserer Unterkünfte und des Hauptquartiers neu an. Es sah sehr schön aus, und ich fragte mich, warum dies nicht schon früher gemacht worden war. Ich fand den Grund bald heraus.

Einige Tage vor der Inspektion waren französische Offiziere bei uns zu Besuch. Sie schauten sich um und forderten uns verärgert auf, die noch frische Farbe unverzüglich von den Wänden zu entfernen. Sie riefen: »Si les murs étaient satisfaisants pour Napoléon, ils sont assez bons pour l'armée américaine!« (»Wenn die Wände gut genug für Napoleon waren, sind sie auch gut genug für die amerikanische Armee!«).

Das war eine typisch französische Haltung. Es kostete uns Wochen, den Schaden, den wir Napoleons Mauern zugefügt hatten, wiedergutzumachen.

Im Winter 1954 erfüllte sich für mich ein lange gehegter Wunsch: ich wurde amerikanischer Staatsbürger. Zusammen mit anderen Soldaten verschiedener Nationalitäten wurde ich auf die amerikanische Verfassung eingeschworen. Zu diesem feierlichen Anlaß kam eigens ein Richter aus Amerika, der uns die Eidesformel vorlas, die wir dann nachsprechen mußten. Ich war sehr stolz und spendierte Zigarren und Süßigkeiten. Es war für mich von Bedeutung, daß dieses wichtige Ereignis in dem Land stattfand, in dem zwölf Jahre vorher mein Leben in großer Gefahr gewesen war. Ich dankte meinem Schicksal und schwor mir, nichts mehr so einfach als gegeben hinzunehmen.

Es geschahen in dieser Zeit noch mehr aufregende Dinge.

Eliane erwartete für August 1955 ein Baby. Im Juni 1955 wurde ich aus der Armee entlassen. Die Wochen und Monate waren wie im Flug vergangen.

Wir flogen von Paris zurück nach New York, und ich nahm in Fort Hamilton in Brooklyn meinen Abschied von der Armee. Die zwei Jahre Wehrdienst waren im Rückblick eine angenehme Erfahrung.

Jetzt war ich wieder Zivilist, und es begann ein neuer Abschnitt in meinem Leben. Obwohl ich etwas Angst vor der Zukunft hatte, war ich trotzdem optimistisch. Wir waren jung und konnten zuversichtlich in die Zukunft blicken.

Denn alles in allem hatten wir eigentlich großes Glück gehabt.

Auf Spurensuche

Im Laufe der Jahre hatte ich immer stärker das Bedürfnis, eine Verbindung zwischen Gegenwart und Vergangenheit herzustellen. Oft sehe ich die Gesichter der Freunde vor mir, die verraten, verschleppt und in den Tod geschickt wurden, in einen Tod, der um so schrecklicher war durch die unmenschlichen Methoden, die angewandt wurden, um die schändlichen Ziele der Nationalsozialisten zu erreichen.

Oft wache ich nachts auf und sehe Edith Steinfelds angstvolle Augen vor mir. Wie verbrachte sie die letzten Minuten ihres Lebens in der Gaskammer? Von welchen Gedanken und Ängsten mochte sie erfüllt gewesen sein? Welch qualvolles Aufbäumen gegen die Ungerechtigkeit und Barbarei einer Welt, die es zuließ, daß Menschen nur wegen ihrer Rasse oder Religion ihrer Würde und ihres Lebens beraubt wurden!

Ich bin davon überzeugt, daß jene Freunde in ihren letzten Minuten sich gewünscht hätten, daß ihre Geschichte weitererzählt wird. Sie hätten sich gewünscht, daß ich, wenn ich meine Geschichte des Überlebens heutigen Schülern vortrage, auch die *ihrige* erzähle. Wenn es überhaupt einen Funken der Hoffnung in diesem gewaltigen Ozean des unbegreiflichen Leidens gibt, so besteht er in der Weitergabe des Wissens an zukünftige Generationen.

Dies waren die Gedanken, die mich dazu bewegten, die Orte, an denen ich jene schrecklichen Jahre verbracht hatte, noch einmal aufzusuchen. Vielleicht würde eine solche Reise auch etwas Frieden in das Chaos bringen, das in meiner aufgewühlten Seele herrschte. Im Sommer 1994 brachen Eliane und ich auf, um einige der wichtigsten Stätten meiner Jugend zu besuchen.

Wir fuhren zuerst nach Bayonne, einer kleinen Stadt nahe der spanischen Grenze, wo wir unsere Freunde Michel und Lucien Greciet trafen. Von dort fuhren wir zusammen in das Dorf Saugnac, wo wir im Mai 1940 mit zwei weiteren jüdischen Familien auf einem Bauernhof gewohnt hatten, wie ich es in dem Kapitel »Flucht nach Frankreich« beschrieben habe. Obwohl seitdem 54 Jahre vergangen waren, waren meine Erinnerungen daran keineswegs verblaßt.

Ich begann meine Erkundigungen im Rathaus von Saugnac. Man gab mir den Namen und die Adresse eines 86jährigen Mannes, der sich vielleicht noch an jenen verhängnisvollen Tag erinnern könnte. Wir suchten ihn auf, und tatsächlich erzählte er uns, daß kurz nachdem meine Eltern, Mia und ich in einem französischen Militärtransporter geflohen waren, deutsche Truppen das Dorf besetzten. Die zwei jüdischen Familien wurden sofort aufgegriffen und im Keller der Schule festgehalten. Einige Tage später wurden sie in einem deutschen Militärlastwagen abtransportiert.

Nachdem wir uns von unseren Freunden verabschiedet hatten, machten Eliane und ich uns auf den Weg nach Eauze. Obwohl ich im Jahre 1954 schon einmal dort gewesen war, als ich mit der amerikanischen Armee in Frankreich stationiert war, hatte ich das Bedürfnis, auch diesen Ort noch einmal zu besuchen. Wieder ging ich zuerst zum Rathaus. Ich erklärte der Sekretärin, daß meine Familie von Ende 1940 bis zum 24. August 1942 zusammen mit anderen jüdischen Familien in Eauze gelebt hatte. Sie schaute mich erstaunt an. »Was für ein Zufall!« rief sie aus. »Erst gestern erhielten wir einen offiziellen Brief vom Büro des Präfekten unseres Departements, in dem eine Untersuchung wegen der zurückgelassenen Habseligkeiten der jüdischen Familien angeordnet wurde, die am Morgen des 24. August 1942 verhaftet und verschleppt wurden.« Die Nachforschung ging, wie sich herausstellte, auf eine Initiative des Rechtsanwalts Serge Klarsfeld zurück.

Ich schüttelte den Kopf über die tragische Ironie der Umstände. Nach 52 Jahren begannen die Regierungen der Departements in dieser Sache aktiv zu werden, und nur deswegen, weil Klarsfeld tätig geworden war. Ich fragte die Sekretärin, ob sie wüßte, ob Dr. Vincent, der damals an der Spitze der französischen Widerstandsbewegung der Region gestanden hatte, noch am Leben sei.

»Oh ja,« sagte sie, »er lebt noch, und es geht ihm gut. Er wohnt sogar noch im selben Haus wie damals.«

Mein Herz klopfte heftig, als ich vor seiner Haustür stand und klingelte. Der Mann, der mir die Tür öffnete, schien erstaunlich jung geblieben zu sein, obwohl er nach meiner Schätzung über 80 Jahre sein mußte. Ich war ziemlich aufgeregt und sagte, sobald ich ihn begrüßt hatte: »Dr. Vincent, ich bin hier, um Sie wegen der Nacht des 24. August 1942 zu befragen.« Er unterbrach mich, bevor ich weiterreden konnte: »Ja, ich erinnere mich an jene Nacht. Ein kleiner Junge klopfte an meine Tür und bat mich, seiner Mutter zu helfen.« »Der kleine Junge war ich!« rief ich aus, »und Sie haben meiner Mutter das Leben gerettet!«

Er bat mich ins Haus, und wir hatten ein wunderbares Gespräch. Er hatte eine klare und deutliche Erinnerung an jene Ereignisse. Über die dramatische Nacht des 24. August sprach er mit fast genau denselben Worten, die mein Lehrer Monsieur De Veau schon 1954 gebraucht hatte: »Der Tag, an dem diese hilflosen jüdischen Familien abgeholt wurden, war der traurigste in der Geschichte unserer Stadt.« Dann fügte er noch hinzu: »Und überhaupt war diese ganze Zeit das traurigste Kapitel in der Geschichte Frankreichs.«

Nach dem Besuch bei Dr. Vincent fuhren wir nach Pithiviers. Auch dieser Ort, etwa 80 Kilometer südlich von Paris, gehörte zur »Geographie des Terrors«, den die Nazis wie ein Spinnennetz über Frankreich gelegt hatten. In Pithiviers war eines der Sammellager, in die zunächst alle Juden gebracht wurden, die man bei den berüchtigten Razzien gefangengenommen hatte. Bei einer Großrazzia in Paris wurden 15000 französische Juden tagelang in der Radrennbahn Vélodrome d'Hiver zusammengepfercht, bevor man sie nach Pithiviers oder Drancy brachte. Die Sammellager waren dann die Ausgangspunkte für die endlosen Konvois in den Osten. Eisenbahnwaggons transportierten ihre menschliche Fracht ununterbrochen in Konzentrationslager wie Auschwitz, Birkenau, Bergen-Belsen und all die anderen Zielorte, die zum Synonym für Vernichtung wurden.[1]

Eliane und ich gingen zu einem zentralen Platz, wo früher das Lager gewesen war, in dem damals Tausende von Erwachsenen und Kindern während ihrer letzten Tage in Frankreich interniert waren. Heute gibt es dort einen kleinen Gedenkstein, der besonders an die Kinder erinnern soll, die in jener Zeit umkamen. Neben einer langen Liste mit jüdischen Namen gibt es folgende Inschrift:

> Zur Erinnerung an die 2300 jüdischen Kinder, die vom 19. Juli bis zum 16. September 1942 im Lager von Pithiviers gefangengehalten wurden, bevor sie deportiert und in Auschwitz ermordet wurden.

Unsere nächste Station war Paris. Ich wollte unbedingt Serge Klarsfeld treffen, den Mann, der in meinen Augen ein Held ist. Er hat sein Leben der Aufgabe gewidmet, den Holocaust-Opfern Gerechtigkeit und Genugtuung zu verschaffen. Er brachte durch seine Recherchen den Prozeß gegen den SS-Hauptsturmführer Klaus Barbie, den »Henker von Lyon«, in Gang, der 1987 zu lebenslänglicher Haft verurteilt wurde und 1991 im Gefängnis starb. Barbie war unter anderem für den Tod der Kinder des jüdischen Kinderheimes in Izieu[2] verantwortlich. Klarsfeld trat in dem Prozeß gegen

[1] Siehe dazu S. 56ff. die Zitate aus Serge Klarsfelds Buch *Vichy-Auschwitz*.

[2] Serge und Beate Klarsfeld: *Die Kinder von Izieu. Eine jüdische Tragödie*. Die Opfer von Klaus Barbie, dem »Henker von Lyon«. Verlag Edition Hentrich, Berlin 1991.

Barbie als Nebenkläger auf. Er selbst hatte als Kind jüdischer Eltern in Nizza überlebt, einer Stadt, die bis zum Sturz Mussolinis dem Zugriff der Nazis entzogen war.

Klarsfelds Frau Beate, die früher in Deutschland als politische Aktivistin bekannt war, ist heute seine wichtigste Assistentin. Sie wurde berühmt, weil sie den damaligen Bundeskanzler Kiesinger öffentlich ohrfeigte. Sie wußte genau über seine Vergangenheit Bescheid und wäre, um ihrer Überzeugung Nachdruck zu verleihen, sogar ins Gefängnis gegangen.

Klarsfeld saß hinter einem riesigen Schreibtisch, als ich sein Büro betrat. Freundlich sah er mich an und fragte mich nach meinem Namen.

»Herman Zimmerman«, antwortete ich.

»Wo hielten Sie sich im August 1942 auf?«

Als ich ihm sagte, daß ich mit meiner Familie und unseren Freunden in Eauze war, nahm er einen dikken Ordner aus einem riesigen Aktenschrank und begann, darin zu blättern. Plötzlich fragte er:

»War der Name Ihres Vaters Peter Tobias Zimmerman?«

»Ja«, sagte ich.

»Der Name Ihrer Mutter war Mali Zimmerman?«

»Ja«.

»Hieß Ihre Schwester Marion Zimmerman?«

Ich nickte.

»Hatten Sie einen Bruder namens Julius Zimmerman?«

Ich wurde von meinen Gefühlen überwältigt. Er ließ mich einen Blick auf die vor ihm liegenden Seiten werfen. Ja, da waren alle Namen meiner Familie

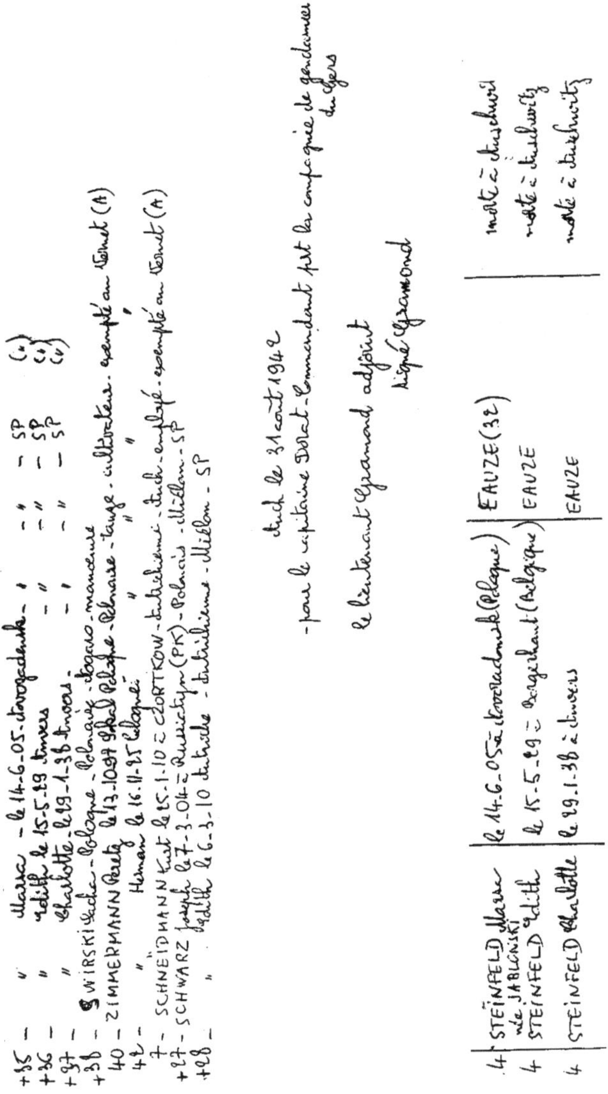

+35 – " Marsa – le 14-6-05 – Kovoradowsk – " – " – SP (v)
+36 – " Edith le 15-5-29 Anvers – " – " – SP (v)
+37 – " Charlotte – le 29-1-38 Anvers – " – " – SP (v)
+38 – SWIRSKI Sacha – Pologne – Polonaise – Agaro – manoeuvre
40 – ZIMMERMANN Peretz le 13-10-97 Sokal Pologne – Polonaise – tanneur – cultivateur – exempté au Vernet (A)
42 – " Herman le 16-11-25 Pologne " " " "
7 – SCHNEIDMANN Kurt le 25-1-10 à CZORTKOW – autrichienne – tech. employé – exempté au Vernet (A)
+27 – SCHWARZ Joseph le 7-3-04 à Russiatyn (PK) – Polonais – Mielan – SP
+28 – " Edith le 6-3-10 Autriche – autrichienne – Mielan – SP

Auch le 31 août 1942
– pour le capitaine Dorat – Commandant p.i. la compagnie de gendarmerie du Gers
le lieutenant Gramond adjoint
signé Gramond

4	STEINFELD Marsa née JABLONSKI	le 14-6-05 à Kovoradowsk (Pologne)	EAUZE (32)	morte à Auschwitz
4	STEINFELD Edith	le 15-5-29 à Borgerhout (Belgique)	EAUZE	morte à Auschwitz
4	STEINFELD Charlotte	le 29.1.38 à Anvers	EAUZE	morte à Auschwitz

Ausschnitte aus der Liste der verhafteten Juden vom 24.8.1942.

aufgelistet und die Namen aller meiner Freunde. Das Dokument trug den Titel »Nationale Gendarmerie, 17. Legion, Kompanie Gers. Geheime Sache vom 24. August 1942. Liste der verhafteten Israeliten«. Da waren Hunderte von Namen, alle in sauberer Handschrift niedergeschrieben. Ich sah die Namen von Dr. Scherf und seiner Frau, von Herrn Gerner und seiner Frau, der Familie Spiegel, der Familie Sauerhaft. Dann erblickte ich auch den Namen Edith Steinfeld, der mit folgendem Eintrag versehen war:

Verhaftet am 24. August 1942 in Eauze, geboren am 15. März 1929 in Belgien, gestorben am 12. September 1942 in Auschwitz.

Edith war also 17 Tage nach ihrer Verhaftung »gestorben«, im Alter von 13 Jahren. Alle anderen waren auch umgebracht worden. Hier hatte ich schwarz auf weiß den Beweis.

Ich war so aufgewühlt, daß ich blindlings aus dem Büro auf die Straße lief. Der Anblick einer Telefonzelle an der Ecke brachte mich auf die Idee, meinen Bruder Julius in New York anzurufen. Ich mußte ihm unbedingt diese Nachricht mitteilen. Ich eilte auf die Telefonzelle zu, aber in meiner Hast rannte ich mit voller Wucht gegen die Glastür. Ich zog mir eine Schnittwunde im Gesicht zu, die sofort zu bluten anfing. Ich mußte den Gedanken, Julius anzurufen, aufgeben und ging statt dessen in eine Apotheke, um meine Wunde behandeln zu lassen. Ich war völlig benommen. Schließlich nahm ich mich zusammen und rief Serge Klarsfeld an. Er redete mir zu, ich solle mich erst einmal beruhigen und dann in sein Büro zurückkommen. Ich ging zu ihm und fühlte, wie meine Erregung sich langsam legte, während seine Sekretärin Fotokopien der Dokumente machte.

Als ich die Papiere eingesteckt hatte und wieder auf die Straße hinaustrat, gab ich mir selbst und all den Menschen, deren Namen auf der Liste standen, ein Versprechen: Ich schwor, weiterhin so viele Schulen wie möglich zu besuchen, damit diese Geschichte in der Erinnerung der nächsten Generation weiterlebt. Deshalb sage ich allen Schulkindern, zu denen ich spreche, seien sie nun deutsch, amerikanisch, französisch oder englisch:

»Wenn ihr in die Kirche geht, betet bitte für meine Freunde, damit sie nie, nie vergessen werden!«

Herman Zimmerman
Ein Engel an meiner Seite (Nachtrag)

Im ersten Kapitel meiner Geschichte vom Überleben im Holocaust „Ein Engel an meiner Seite" erwähne ich eine zufällige Begegnung mit Herrn Spiegel in Paris vor 35 Jahren. Herr Spiegel war ein Freund, von dem wir geglaubt hatten, er sei im Holocaust umgekommen. Er erzählte uns, daß alle unsere gemeinsamen Freunde tatsächlich umgekommen seien, mit Ausnahme seiner Tochter Rosalie, dem kleinen Mädchen, das mir so viel bedeutet hatte. Zu meiner großen Erleichterung berichtete er, daß Rosalie überlebt habe. Im Laufe unseres Gesprächs unterhielten wir uns noch über viele andere Dinge, so daß ich vergaß, ihn nach Rosalies Namen und Adresse zu fragen. Unglücklicherweise verlor ich danach den Kontakt zu ihm.

Viele Jahre später, als ich begonnen hatte, Schulen zu besuchen, um meine persönliche Geschichte des Holocaust zu erzählen, wurde Rosalie zum Symbol für meine Bemühungen, meine Vergangenheit zu bewältigen. Ich bewahrte mir immer die Hoffnung, daß ich sie vielleicht eines Tages wiedersehen würde. Im Laufe der Jahre geriet der Wunsch, Rosalie zu finden, zu einer Art Obsession. Ich erhielt viel ermutigenden Zuspruch von Schülern und Lehrern, die meinen Vortrag gehört hatten, und mich baten, meine Hoffnung, Rosalie doch noch zu finden, nicht aufzugeben.

Ruth Atwood, eine Lehrerin an der amerikanischen Schule in Ramstein/Pfalz, machte die Suche

nach Rosalie zu einem Klassenprojekt. Sie reiste sogar nach Washington zum Holocaust-Museum. Doch Ruth mußte ihre Stelle als Lehrerin in Deutschland wegen einer schweren Krankheit aufgeben und kehrte nach Amerika zurück.

Im Herbst 1998 besuchten mein Sohn Bernard und seine Frau Ulrike meine Tochter Michèle in San Francisco. Als sie von ihrer Reise zurückkamen, luden sie meine Frau Eliane und mich zum Essen ein. Nachdem wir uns über die Reise unterhalten hatten, zeigte mir Ulrike eine kleine Pflanze und sagte, daß sie einer Person gehöre, die mir sehr wichtig sei. „Julien?“ rief ich. „Nein“, antwortete sie. Eliane fragte „Rosalie?“ und erhielt „Ja“ als Antwort.

Ulrike stand auf, schaltete das Videogerät ein und zeigte uns eine Aufnahme von Michèle, wie sie, gefolgt von Bernard und Ulrike, auf einen Hauseingang zuging. Dann berichtete Bernard, daß Michèle Rosalie gefunden hatte.

Eliane und ich hatten Tränen in den Augen, als wir auf dem Bildschirm drei Junge Leute sahen, wie sie vor einem Haus in New Jersey standen, jeder mit einer Rose in der Hand. Sie klingelten, die Tür wurde geöffnet, und man sah eine gut aussehende, lächelnde Frau Mitte Sechzig. Sie bat sie einzutreten, und in den nächsten 45 Minuten berichtete sie über die Ereignisse, die sich vor so langer Zeit zugetragen hatten. Mir erschien die Begegnung zwischen Rosalie und meinen Kindern als ein echtes Wunder.

Michèle Zimmerman
Wie ich Rosalie fand

Papa erzählt mir jetzt schon seit über zehn Jahren seine Geschichte und inzwischen hat er ein Buch über seine Erlebnisse geschrieben. Vor zwei Jahren, als ich meine Familie in Deutschland besuchte, begleitete ich ihn zu einem seiner Vorträge. Als er über die Ereignisse in Eauze und die Zeit, die er mit Rosalie verbracht hatte, sprach, wurde ich von meinen Gefühlen überwältigt. Ich schaute mich um und sah, daß ich mit meinem Gefühlsausbruch nicht allein war. Nach dem Vortrag war eine der ersten Fragen aus dem Publikum: „Was geschah mit Rosalie?"

Papa antwortete, er wisse es nicht und wünschte, er könne den Zuhörern sagen, daß sie gerettet worden sei und ein glückliches Leben führe. An diesem

Abend sprachen wir noch weiter über Rosalie, und Papa sagte mir, daß er in Diskussionen immer wieder auf sie angesprochen werde. In den Briefen, die er von Kindern erhielt, wurde oft der Wunsch zum Ausdruck gebracht, daß es gelingen möge, Rosalie zu finden. Auf diese Weise entstand in mir das Bedürfnis, etwas dazu beizutragen, daß dieser Wunsch in Erfüllung gehen werde.

Ich vermutete, daß Rosalie, falls sie noch am Leben sein sollte, wahrscheinlich in den Vereinigten Staaten leben würde. Ich wußte, daß es in den USA Organisationen gibt, die mir eventuell bei der Suche helfen könnten. Bei meinem ersten Versuch wandte ich mich an eine Agentur mit dem Namen „Old Friends".

Nachdem ich „Old Friends" die Situation geschildert hatte, teilte man mir mit, es gäbe gewisse Möglichkeiten, mir zu helfen. Ich zahlte eine Gebühr und wartete. Ich wartete und wartete. Ab und zu erhielt ich einen Brief mit der Mitteilung, man hätte noch niemanden gefunden, der meinen Angaben entspräche. Ich war sehr enttäuscht.

Ich hatte einiges an Informationen zusammengetragen und besaß eine Kopie der Liste, die Serge Klarsfeld Papa ein paar Jahre zuvor gegeben hatte. Auf dieser Liste standen die Namen all der Menschen, die im Jahre 1942 in dem Dorf Eauze zusammengetrieben worden waren. Mein Vater, meine Großeltern und ihre Familie, Edith und ihre Familie und viele andere Namen waren säuberlich aufgelistet und ihre Schicksale dargestellt. Neben den Namen standen jeweils das Geburtsdatum und der Geburtsort. Deshalb waren mir die Einzelheiten über

Rosalie und ihre Eltern bekannt. Doch „Old Friends“ schien mir nicht helfen zu können.

Nach etwa einem Jahr kaufte ich mir einen Computer. In den ersten Monaten saß ich dauernd davor und verbrachte viele Stunden im Internet. Dort stieß ich eines Tages auf die Website „Genealogie“, in der es ein „message board“ gab, das hauptsächlich für jüdische Familien eingerichtet war, die ihre Verwandten suchten. Ich las einige der Angaben, und war bald davon überzeugt, daß ich versuchen sollte, diese Informationsquelle zu nutzen, um Rosalie zu finden. Ich hatte schließlich nichts zu verlieren.

Meinem Anliegen gab ich den Titel „Auf der Suche nach Rosalie“. Es folgten eine kurze Beschreibung meiner Person und die Begründung, warum ich Rosalie suchte. Auch gab ich die mir bekannten Namen und Daten ein. Eigentlich glaubte ich nicht ernsthaft daran, daß etwas dabei herauskommen würde.

Etwa zwei Wochen später erhielt ich eine E-Mail von einer Frau aus New York. Sie arbeitete in einer öffentlichen Bibliothek und hatte anhand der Sozialversicherungsnummern Zugang zu Informationen über viele Menschen. Sie schrieb in ihrer E-Mail, sie habe nachgeforscht und den Namen eines Mannes gefunden, der am selben Tag wie Rosalies Vater geboren sei. Dieser Mann sei erst kürzlich verstorben. Er hatte eine Tochter namens Rose Fine (mit demselben Geburtsdatum wie Rosalie!). Es stand sogar eine Adresse in New Jersey dabei. Ich konnte es nicht glauben!

Ich schrieb sofort einen Brief an Mrs. Rose Fine und überlegte, wie ich mein Anliegen so deutlich

wie möglich formulieren könnte, ohne aufdringlich zu wirken. Ich machte Kopien von den Rosalie betreffenden Seiten aus Papas Buch. Dann steckte ich alles in einen großen Umschlag und gab ihn zur Post.

Etwa zwei Wochen danach kam ich nach Hause und fand eine Nachricht auf meinem Anrufbeantworter. Es war die Jugendliche und aufgeregte Stimme einer Frau mit einem Akzent. Sie sagte: „Hier spricht Rosalie. Michèle, du hast mich gefunden!“ Mir blieb der Atem stehen, ich mußte mich setzen. Ich traute meinen Ohren nicht! Sofort rief ich meinen Bruder in Deutschland an und holte ihn und Ulrike um vier Uhr morgens aus dem Bett, denn ich hatte nicht daran gedacht, wie früh es dort war. Aber es machte nichts, ich wußte, sie würde es verstehen. Ich erzählte ihnen alles.

Jetzt konnte ich nichts weiter tun, als auf Rosalies nächsten Anruf zu warten. Sie hatte mir ihre Telefonnummer nicht genannt, sondern lediglich gesagt, sie würde mich in einer oder zwei Wochen wieder anrufen, da sie mit ihrer Tochter und deren Familie in Urlaub fahre.

Etwa zwei Wochen später klingelte an einem Sonntag morgen um sieben Uhr das Telefon. Ich nahm an, es handle sich um den Anruf eines Mitglieds meiner Familie in Deutschland und nahm ab. Ich erkannte sofort die jugendliche Stimme von Rosalie. Wir führten ein mehr als eine Stunde dauerndes Gespräch. Sie erzählte, wie sie Ihre Post aus dem Briefkasten genommen hatte und diesen großen Umschlag fast weggeworfen hätte, weil sie ihn für Werbung hielt. Doch ihre Tochter hatte den Brief geöffnet und zu lesen begonnen. Dann hatte sie sich an ihre Mutter gewandt und gesagt: „Mama, ich glaube, dieser Brief handelt von dir“. Erst dadurch bemerkte Rosalie, was es mit diesem seltsamen Umschlag auf sich hatte.

Es hätte keine freudigere Überraschung sein können! Rosalie ließ sich völlig auf diese plötzliche Neuigkeit ein. Als ich ihr sagte, daß Bernard, Ulrike und ich in einem Monat nach New Jersey kommen würden, lud sie uns sofort zu sich ein. Wir besuchten sie an einem sonnigen Nachmittag und verbrachten viele Stunden in ihrer Küche, während sie ihre Geschichte erzählte. Sie war so warmherzig und freundlich, daß mir oft Tränen in die Augen traten. Es waren Tränen der Freude, denn vor mir saß Rosalie, die eine schöne und liebenswürdige Frau geworden war. Es waren aber auch Tränen tiefer Trauer wegen all der anderen Mädchen und Jungen, Männer und Frauen, deren Leben so grausam zerstört worden war.

Am nächsten Tag rief ich Ruth Atwood in den USA an.

„Wie geht es Dir?" fragte ich.

„Nicht gut", sagte sie, „ich habe nur noch kurze Zeit zu leben."

„Es tut mir leid, das zu hören. Ich wollte Dir nur mitteilen, daß meine Tochter endlich Rosalie gefunden hat."

„Das ist wunderbar", war Ruths Kommentar.

Ich hörte, daß Sie weinte.

„Weißt Du, Du hast mir wirklich den Tag gerettet mit dieser großartigen Nachricht", sagte sie, bevor sie auflegte.

Kurze Zeit danach schrieb mir ihre Schwester, daß Ruth gestorben sei.

Obwohl mich ihr Tod sehr traurig stimmte, war ich doch froh, daß ich ihr die Nachricht über Rosalie noch hatte mitteilen können.

Nachwort des Übersetzers

Ich lernte Herman Zimmerman im Oktober 1994 bei einer Veranstaltung im Deutsch-Amerikanischen Institut in Heidelberg kennen. Aus dieser ersten Begegnung entwickelte sich ein regelmäßiger persönlicher Kontakt, der mich veranlaßte, meine eigene Beziehung zu Juden und die Beziehung zwischen Juden und Deutschen allgemein neu zu überdenken.

Schon in meiner Kindheit in den fünfziger Jahren wurde ich mit dem problematischen Verhältnis zwischen Deutschen und Juden konfrontiert. In dem kleinen pfälzischen Dorf, in dem ich aufwuchs, wurde viel erzählt über die Verfolgung der Juden und das Verhalten der Deutschen im Dritten Reich. In diesen Erzählungen der Erwachsenen schwang immer ein Gefühl der Ohnmacht mit, als hätte man den Juden gerne geholfen, aber als sei es unmöglich gewesen, etwas gegen die Verfolgung zu unternehmen. Andererseits war in der deutschen Bevölkerung nach dem Krieg auch weiterhin ein gewisses Mißtrauen gegenüber den Juden vorhanden. Obwohl das offizielle Nachkriegsdeutschland um ein freundschaftliches Verhältnis zu den Juden und dem Staat Israel bemüht war, waren in der deutschen Bevölkerung antisemitische Ressentiments noch tief verwurzelt.

Auch über 50 Jahre nach dem Holocaust ist das Verhältnis zwischen Deutschen und Juden trotz vielfältiger Bemühungen auf politischer Ebene auf beiden Seiten noch immer sehr problematisch. Es ist ein Verhältnis, das von Schuldgefühlen, Schuldzuweisungen und Vorurteilen geprägt ist. Daran haben auch gutgemeinte Reden wie die des früheren Bundespräsidenten von Weizsäcker am 8. Mai 1985 oder die groß angelegten Gedenkfeiern vom 8. Mai 1995 wenig geändert. Es gibt in Deutschland immer noch einen latent vorhandenen Antisemitismus, der teilweise auch konkrete Auswirkungen hat, z.B. in Anschlägen auf jüdische Einrichtungen.

Ich bin der Meinung, daß die Mauer, die zwischen Deutschen und Juden immer noch besteht, nur durch persönliche Beziehungen aufgebrochen werden kann. Voraussetzung dafür sind der Mut und die Bereitschaft zur Begegnung auf beiden Seiten. Nur so ist es möglich, daß die Mauer allmählich durchlässiger wird, so daß die Möglichkeit zur Verständigung und zu einem gemeinsamen Abtragen dieser Mauer geschaffen wird.

Im Zusammenhang mit ausländerfeindlichen und antisemitischen Anschlägen hört man oft, wir Deutschen müßten uns wegen solcher Vorfälle schämen und wir hätten nichts aus der Geschichte gelernt. Tatsächlich kann es keine Entschuldigung geben für das, was dem jüdischen Volk von Deutschen angetan wurde und von verblendeten Zeitgenossen noch angetan wird. Aber es bringt uns nicht weiter, wenn wir in dem passiven Zustand des Sich-Schämens verharren. Wir müssen vielmehr bereit sein, einander neu zu begegnen, und zwar nicht als Deutsche und Juden, sondern als Menschen.

In diesem Sinne wendet sich Herman Zimmerman besonders an die junge Generation, wenn er seine Vorträge an den Schulen hält. Seine Botschaft lautet, daß die jungen Deutschen keine Schuld tragen für das, was in der Vergangenheit passiert ist, daß sie aber eine Verantwortung für die Gegenwart und die Zukunft übernehmen müssen.

Herman Zimmerman macht es uns leicht, die Chance zur Versöhnung zu ergreifen. Er, der seit über 30 Jahren wieder in Deutschland lebt, erzählt die Geschichte seiner Familie ohne Haß und Ressentiment. Vielleicht hilft ihm dabei die Tatsache, daß er bei all seinen schrecklichen Erlebnissen dem Konzentrationslager entgehen konnte. Es gehörte fast unglaubliches Glück dazu, daß die gesamte Familie Zimmerman den Holocaust überlebte. Zwar wurden sie in den Wirren der Verfolgung immer wieder getrennt, doch wie durch ein Wunder waren sie am Ende des Krieges wieder vereint.

Als 12jähriger Junge mußte Herman Zimmerman seine Heimatstadt Köln verlassen. Es begann eine abenteuerliche Flucht über Belgien und Frankreich in die Schweiz, wo er schließlich Schutz vor den Nazis fand. Aus historischer Sicht interessant ist das Verhalten der französischen Bevölkerung und der Regierung gegenüber den Juden. Während einfache Bürger den Verfolgten vielfach Hilfe gewährten, lieferte die Vichy-Regierung alle nichtfranzösischen Juden gnadenlos den Nazis aus. Dieser Sachverhalt, den Herman Zimmerman aus der Sicht des Betroffenen anschaulich schildert, wird bestätigt in Serge Klarsfelds monu-

Herman Zimmerman während eines Vortrags vor Schülern (Foto: Peter Disson)

mentalem Werk *Vichy Auschwitz*[1], in dem jeder einzelne Transport in den Osten dokumentiert wird. Die neutrale Schweiz, die viele jüdische Flüchtlinge aufnahm, gewährte Herman Zimmerman und seiner Familie Asyl. Doch bis es soweit war, mußten sie viele Hürden überwinden, und sie hatten großes Glück, daß sie nicht wieder über die Grenze nach Frankreich zurückgeschickt wurden. Die zwiespältige Flüchtlingspolitik der Schweiz gegenüber den Juden wird in Alfred H. Häslers Buch *Das Boot ist voll*[2] ausführlich beschrieben.

Herman Zimmermans Autobiographie steht in einer Reihe mit anderen Lebensberichten von Zeitzeugen wie z.B. Ruth Klügers *Weiter leben*, Ingeborg Hechts *Als unsichtbare Mauern wuchsen*, Salomon Perels *Hitlerjunge Salomon*, Inge Deutschkrons *Ab heute heißt du Sara*, oder Edith Dietz' *Den Nazis entronnen*. Alle diese Autoren begannen erst im Alter, ihre Erinnerungen aufzuschreiben, nachdem sie sie jahrzehntelang verdrängt hatten. Erst im Herbst ihres Lebens, als sie die Zeit fanden, über ihr Leben in Ruhe nachzudenken, brachen die Erinnerungen an die schrecklichen Ereignisse in ihrer Jugend wieder auf und drängten danach, verarbeitet zu werden.

Abgesehen von der Dramatik des Themas zeichnet sich Herman Zimmermans Autobiographie dadurch aus, daß sie in ihrer eindrucksvollen und zugleich einfachen Sprache von allen Bevölkerungsgruppen gelesen werden kann, auch von der

[1] Siehe S. 56.

[2] Siehe S. 77f..

Gruppe der Jugendlichen, die ihm, wie schon erwähnt, besonders am Herzen liegt und die maßgeblich an der Gestaltung unserer Zukunft mitwirken wird.

Die Leidensgeschichte der Familie Zimmerman war mit dem Ende des Krieges und der Befreiung vom Nationalsozialismus noch nicht beendet. Der im Titel des Buches erwähnte Schutzengel schien seine Kräfte aufgebraucht zu haben, denn die Familie mußte noch mit schweren Schicksalsschlägen fertig werden. Es ist bewundernswert, mit welcher Kraft und Ausdauer sich Herman Zimmerman trotz allem ein neues Leben aufbaute. Seine optimistische Lebenseinstellung und sein Lebensmut können auch für unsere Gegenwart, die voller sozialer Spannungen und Bedrohungen durch Kriege ist, wegweisend sein. Denn wir leben in einer Zeit, in der das menschliche Dasein insgesamt bedroht ist. Deshalb ist ein solcher Optimismus geradezu lebensnotwendig, weil er uns vor depressiver Lethargie bewahrt und uns hilft, unsere Probleme zu meistern.

Die Begegnung mit dem Zeitzeugen Herman Zimmerman und das Kennenlernen seiner bewegten Lebensgeschichte sind für mich eine große persönliche Bereicherung. Mit der Übersetzung seiner Autobiographie möchte ich dazu beitragen, daß möglichst viele Menschen in Deutschland an diesem ungewöhnlichen und beeindruckenden Lebensbericht teilhaben können.

Karl Herzer

Bernards Bar-Mitzwa, 1971 in Karlsruhe; mit unseren Kindern, v.l. Michèle, Bernard, Roger, Peter und Mias Sohn René

1990, zusammen mit meiner Frau und meinen Kindern in Karlsruhe.

Danksagung

Ich möchte herzlichst Karl Herzer und Gudrun Tiefenbacher-Herzer für die hervorragende Übersetzung danken.

Mein Dank gilt ebenfalls Jutka Magyar für ihre ausgezeichnete Bearbeitung meines englischen Originaltextes.

Außerdem danke ich Loretta, Ulrike und Bernard für ihre großzügige Hilfe, sowie dem Universitätsverlag C. Winter Heidelberg für sein Engagement.

Vielen Dank an Dora Großhans für ihr Interesse und ihre Empfehlung an den Verlag.

Ich habe dieses Buch für meine geliebte Frau Eliane, für Peter, Bernard, Roger, Michèle, Marilyn, Julien, Alisa, Leo, Petra, Loretta, Ulrike, René, Mia, Tzipora, Haya, Perry, Robert, Nicholas, Kyra, Melissa, Robin und Olivia geschrieben.

Mein Dank ist an die Menschen gerichtet, die durch ihren persönlichen Mut und unter Lebensgefahr es mir ermöglicht haben zu überleben.

H. Z.